일제침탈사
바로알기 09

죽어서도
쉬이 못 오는 귀향

일제 강제동원 피해자의 귀환과 미귀환 문제

● 오일환 지음 ●

동북아역사재단
NORTHEAST ASIAN HISTORY FOUNDATION

발간사

　일본제국주의의 식민 침탈에서 벗어난 지 75년이 되었지만, 그 역사가 아직도 한일 관계에서 큰 걸림돌로 작용하고 있습니다. 21세기에 들어 일본 정부의 독도 영유권 주장은 점차 도를 더해가고 있으며, 최근에는 일제의 강제동원 문제와 한국 대법원 판결, 일본군 '위안부' 문제 해결 방안 등으로 갈등이 불거졌습니다. 급기야 그 불이 무역 분쟁, 안보 문제까지 옮겨 붙었습니다.

　한일 간의 역사 문제는 우선 '식민 지배'라는 역사를 어떻게 볼 것인가 하는 역사인식에서 기인합니다. 우리는 언제나 오늘날의 입장에서 과거의 역사를 바라보고, 다시 미래로 나아갑니다. 과거 침략의 역사를 미화하면서 평화로운 미래를 얘기하는 것은 불가능합니다. 식민 지배로 인한 잘못을 인정하고 반성하지 않으면 다시 전쟁이 일어날 위험성이 있고, 인권을 존중하지 않는 군국주의 부활을 획책할 수도 있습니다. 따라서 역사를 보는 미래지향적 인식이 필요하고, 이를 한일 양국이 공유해야 할 것입니다.

　다음, 지금의 한일 역사 문제는 '과거'의 '사실'이 명확하게 규명되지 않은 것에서 연유한 점이 있습니다. 해방된 이후, 일제 강점기에 대한 개인적인 연구는 다수 이루어졌으나, 학계나 정부 차원에서 식민 지배의 실상을 체계적으로 연구 정리하고, 관계되는 자료집을 모아 정리하지 못하였습니다. 지금까지 항일, 독립운동사에 대한 연구와 자료집은 많이 출간되었지만, 일제의 통치 자체를 정리하지 못한 것입니다.

또한 일제의 식민 침탈의 실상을 국민에게 알리고 교육하는 것도 체계적이지 않았습니다. 초등학교에서 고등학교에 이르는 학교의 역사교육은 나름대로 성과가 있었지만, 일반 시민교육에는 사실 무관심하였습니다. 그러자 최근에는 일제의 한반도 강점과 식민 지배로 인한 피해를 부정하는 인식 아래 일제강점기에 한반도가 근대화되었고, 수탈이나 강제동원은 꾸며진 이야기라고 주장하는 책이 시중에 나오기도 했습니다. 역사인식이 명확하지 않았던 일부 국민들이 여기에 호기심을 가졌고, 또한 이를 넘어 찬동하는 사태도 일어났습니다. 이런 책에서 부정한 것은 일제 침탈의 역사뿐만 아니라 항일 독립운동의 역사, 나아가 우리 민족사 전체입니다.

우리 학계는 일찍부터 일제 침탈의 역사를 체계적·객관적으로 정리해야 한다는 점을 잘 알고 있었지만, 차일피일 미루다가 너무 많은 시간이 흘렀습니다. 이에, 더 늦기 전에 우리 재단이 중심이 되어 한국 학계의 힘을 모아 일제침탈사 연구를 집대성하고, 관련된 자료를 수집하여 체계적으로 정리하고, 일제 침탈 실상을 바로 알리기 위한 국민 대상의 교양서 발간을 기획하게 되었습니다. 2020년부터 사업을 시작하였고, 앞으로 몇 년에 걸쳐 이를 수행할 예정입니다. 일제침탈사 편찬사업은 크게 세 부분으로 나누어 (1) 일제 침탈의 전모를 학문적으로 정리한 연구총서(50권), (2) 문호개방 이후 일제강점기에 이르는 기간의 일제침탈 자료총서(100여 권), 그리고 (3) 일반 국민이 일체 침탈을 올바르게 알 수 있는 주제를 쉽게 풀어쓴 교양총서(70여 권)로 구성하고자 합니다.

그동안 일제의 침탈상을 밝히려는 연구가 없었던 것은 아닙니다. 관련 자료집도 여러 방면에서 편찬된 바 있습니다. 그러나 모든 분야를 망라하여 학계의 연구 성과를 종합하고 관련 자료를 편찬하는 일은 이번이 처음입니다.

무엇보다 일반 시민들이 과거 제국주의 시대 우리가 겪었던 침략과 수탈의 역사를 또렷하게 직시할 수 있게 하는 종합 자료집은 드물었습니다. 따라서 정치·경제·사회·문화 등 모든 방면에 걸쳐 침탈의 역사를 알기 쉽게 기록하고 그에 대응한 자료를 모아 번역함으로써 시민들에게 일제 식민 지배의 실체와 침탈의 실상을 전하고자 합니다.

이 책 『죽어서도 쉬이 못 오는 귀향』은 일제침탈사 바로알기 교양서 시리즈 중 하나로 나온 것입니다. 일제 강제동원 문제 중에서 일본과 만주, 중국, 사할린, 시베리아, 남양군도, 동남아와 태평양의 섬들에 이르기까지 일제가 진출한 거의 모든 지역에서 질병과 기아, 강제노동과 학대, 총탄과 원폭 등에 의해 억울하게 목숨을 잃은 희생자들과 강제로 끌려 간 것만큼이나 고통스럽고 지난했던 귀환자들의 귀향 과정을 살펴보았습니다.

그동안 귀환자들의 증언과 연구를 통해 일제가 패망할 때까지의 강제동원의 실태에 관해서는 어느 정도 알려져 있지만, 정작 수많은 희생자들에 관한 참상과 아직도 해결되지 않고 있는 유해 봉환 문제, 귀환 과정에 있었던 피해자들의 기구한 사연과 지금도 진행되고 있는 유족들의 고통 등은 잘 알려져 있지 않습니다.

이 책의 필자는 생생한 실무 경험과 연구를 토대로 각 지역에서 발생한 수많은 희생자들의 대표적인 사례들과 귀환 과정에서 있었던 또 다른 희생과 고통 등을 소개하는 한편, 정부와 국민들이 시베리아와 사할린, 태평양 지역 등에 산재하고 있는 희생자 유해 발굴과 봉환의 필요성을 각

벌히 인식하고, 아직도 해결되지 않고 있는 희생자와 미귀환자의 문제뿐만 아니라 유족들과 귀환자의 2세, 3세 가족들이 겪고 있는 '계속되고 있는' 고통에도 관심을 기울여야 한다는 점을 제기하고 있습니다.

　일제 강제동원 피해자의 귀환과 미귀환 희생자의 문제를 되짚어 보는 일은 곧 인권과 평화의 가치를 상기하는 동시에 우리 공동체의 나아가야 할 방향을 확인하는 작업이기도 합니다. 이 책이 우리 공동체가 앞으로 나아가야 할 길의 방향과 내용을 토론하는 데 바탕이 될 수 있다면 기쁘겠습니다.

2021년 2월
동북아역사재단 이사장

목차

발간사 • 2

I. 강제동원과 미귀환 문제
    1. 강제동원과 징용 • 10
    2 귀환 • 17

II. 일본으로부터의 미귀환
    1. 일상적인 사고사 • 22
    2. 공습 피해 • 27
    3. 원폭 피해자 • 30
    4. 우키시마호 폭침 사건 • 36
    5. 태풍 해난 사고 • 41

III. 오키나와의 참상
    1. 죽음의 섬 • 46
    2. 총알받이로도 모자라 자폭하라니 • 52
    3. 인간폭탄이 되다 • 59

IV. 연합군의 포로가 되다
    1. 태평양, 동남아, 호주 지역의 포로수용소와 귀환 • 66
    2. 전범으로 기소되다 • 74

V. 사할린으로부터의 귀환

　1. 사할린에 고립되다 • 84
　2. 억류와 학살, 길고 긴 영주귀국의 길 • 89
　3. 힘겨운 일본 귀환과 정착 • 96
　4. 사할린에 남겨진 한인 묘 • 104

VI. 머나먼 곳 낯선 땅에 묻힌 채

　1. 시베리아 삭풍을 견디며 • 110
　2. 하이난섬의 천인갱, 만인갱 • 115

VII. 죽어서도 못 오는 유해들

　1. 유해 문제란 • 120
　2. 군인·군무원 등 유해 봉환 • 125
　3. 노무사 등 유해 봉환 • 131
　4. 유족들의 끝나지 않은 고통 • 135

　참고문헌 • 141
　찾아보기 • 143

I

강제동원과 미귀환 문제

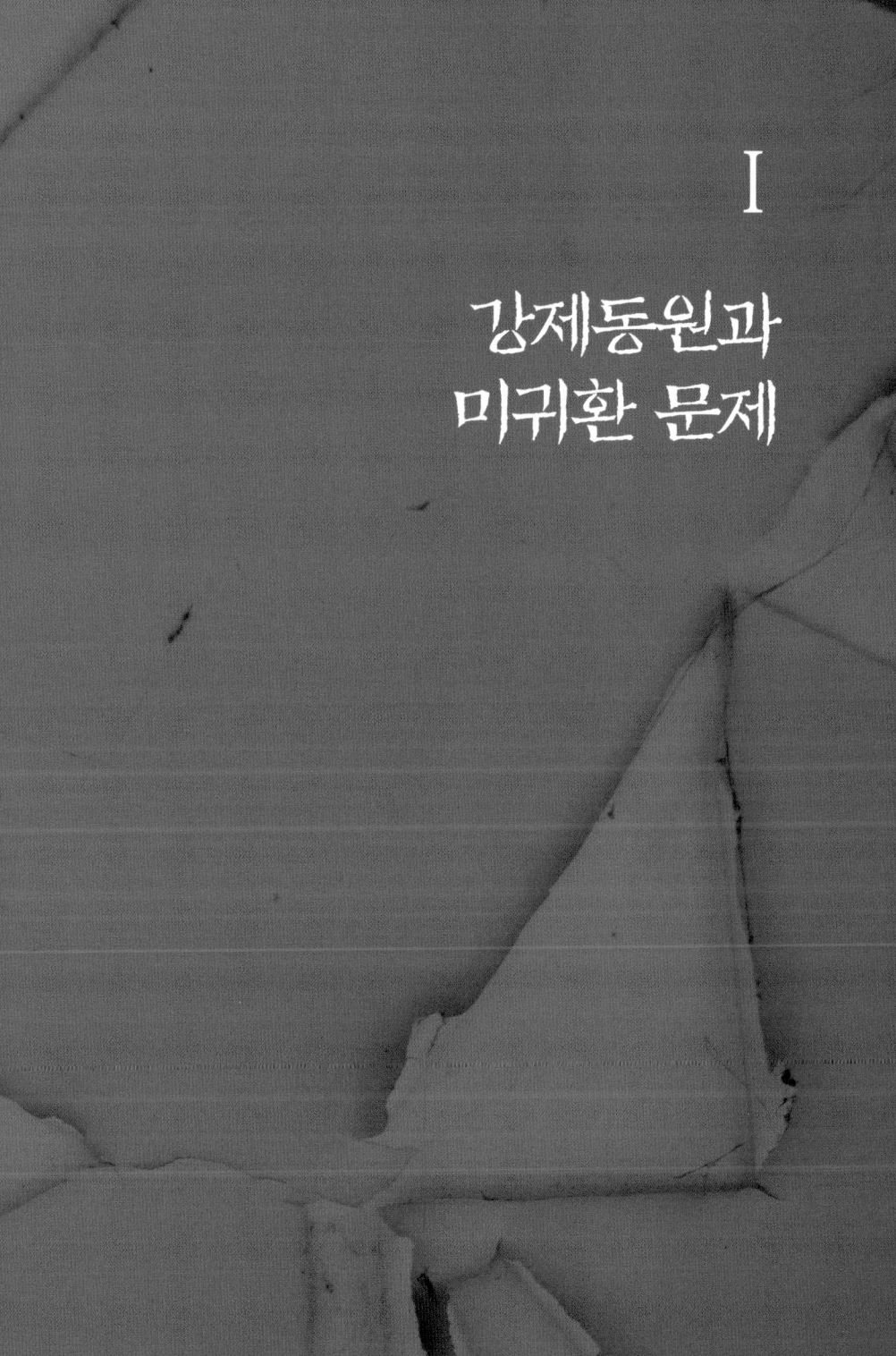

1
강제동원과 징용

일제강점기(1910~1945) 중 일본은 1931년 만주사변을 일으키고 1937년 중일전쟁을 통해 본격적인 전쟁에 돌입했다. 그리고 일본은 1941년 미국의 진주만과 동남아 지역을 공격함으로써 태평양 지역으로 전선을 확대한다.

이 중에서 1938년 중일전쟁 이후 1945년 8월 패망하기까지의 기간을 전시체제기라고 한다. 이때 전쟁을 수행하기 위해 일제는 일본 천황이 직접 공포한 국가총동원법(법률 제55호)을 비롯해 수많은 법령과 제도 그리고 공권력을 이용하여 일본 본토는 물론 조선과 타이완, 사할린 등 모든 통치 지역에 있는 사람과 자원, 물자를 일방적으로 관리, 통제, 징발, 사용하게 되는데, 이를 '강제동원'이라고 한다.

이는 일본 정부와 군부, 경찰, 관공서 등이 전쟁을 수행한다는 명분으로 식량과 자원, 물자의 생산·수리·배급·양도 기타 처분과 사용·소비·소지·이동 및 수출·수입을 통제하고 강제한다는 뜻이다. 다시 말해, 일본 정부와 군부가 언제든지 필요에 따라 사람을 징용, 즉 차출하여 노동을 강제할 수 있다는 것을 의미한다. 전쟁 말기에는 관련 법령들이 한층 더 강화되어 젊은 학생과 청년을 군인으로 징병할 뿐만 아니라 부녀자와 어린 소녀들, 그리고 집안의 놋그릇까지 징발할 정도로 강제와 수탈이 일상화된다. 그야말로 '몽땅동원'인 셈이다.

강제동원을 부정하려는 일부 사람들은 '전부 강제였던 것은 아니다. 자발적으로 돈을 벌기 위해(취업) 모집에 응한 사람도 있다'거나 '일정한 보수를 주었고, 복지 혜택도 주었다'고 강변한다. 전시체제기 초기에 직업소개와 신문광고를 통한 모집, 그리고 관의 알선에 사람들이 스스로 나선 경우도 있지만, 넓은 의미에서 이것 역시 강제동원에 포함된다. 왜냐하면, 겉으로는 모집과 소개, 알선 등의 형식을 갖추었지만 실질적으로는 일제가 조선인의 노동력을 착취하기 위해 교묘한 감언이설과 회유를 동원했고, 실제 내용은 사기와 기만에 가깝기 때문이다. 처음에 약속했던 임금과 보수는 사실과 달랐다. 현장에 도착하면, 한반도에서 출발할 때부터 도착할 때까지의 교통비와 식비, 숙박비, 그리고 중간 소개업자에 대한 소개비 등의 명목으로 공제를 하고, 현장에서 나누어주는 작업복과 장비 대여료, 숙소 사용료, 식비 등의 명목으로 또 공제를 하는 바람에 대략 1년 정도의 보수는 만져보지도 못한 채 사라져버린다. 일본인보다 적은 임금마저 현금으로 받을 수 있는 것이 아니라 각종 명목으로 강제저축을 해야 하고 "장부에 기록해두었다가 집에 갈 때 준다"는 말로 속였다. 대부분의 강제동원 피해자들은 해방 직후 장부에 적어두었다는 임금을 만져보지도 못한 채 서둘러 귀국길에 올라야 했다.

무엇보다 작업과 노동이 고되고 위험해도 일을 거부하거나 쉴 수 없었다. 출근하지 않으면 점심 식사의 양을 줄이거나 아예 주지 않았다. 대부분의 강제동원 노무자들은 작업장과 기숙사 외에 외출과 외박, 이동이 금지되었다. 아주 예외적인 경우만 외출이 허락되었다. 게다가 마음대로 다른 작업장으로 옮기거나 일을 그만두고 집으로 돌아갈 수도 없었다. 계약기간이 만료되어도 갖은 명목과 이유를 들어 회유하거나 떠나지 못하게 막았기 때문에 몇 개월에서 몇 년 넘게 강제노동을 하기 일쑤였다.

그러다 보니 도망자가 속출했다. 인근 기차역과 항구마다 도망자를 감시하고 적발하는 '경계' 직원을 상시 배치시켰다. 도망치다가 붙잡히면 심하게 두들겨 맞기도 했다. 이것이 자유로운 직업 선택이고 취업이라고 할 수 있을까? 정당한 보수를 받았다고 할 수 있을까?

게다가 국가총동원법과 병역법, 특별지원병령 등을 적용하여 징집·징병한 군인의 동원은 명백히 공권력을 동원한 강제였다. 처음에는 황국신민 정신에 투철하고 일제에 순응하는 일부 학생과 젊은이만 엄격하게 선발해서 육군특별지원병, 해군특별지원병이라는 이름으로 전장에 보내더니, 점차 전세가 불리해지자 전문학교와 대학교의 학생 대부분을 학도지원병이라는 명목으로 강제로 징집했다. 윤동주 시인 역시 일본에서 대학을 다니던 중 학도지원병에 지원하라는 지시를 받고 징집을 위해 고향으로 떠나기 직전에 사상범으로 체포되었다.

그리고 마침내 일제는 1944년 전면적인 징병을 실시하여 만 20세 이상의 조선 청년들을 수차례에 걸쳐 징집하여 전장으로 보냈다. 또한 마치 모집과 고용의 형태로 선발하고 동원한 군무원(軍屬) 역시 군부의 통제를 받는 신분이었다. 일제는 오늘날 군에서 근무하는 민간인, 즉 군무원을 가리켜 군속(軍屬)이라고 불렀다. 군무원은 크게 업무 내용을 기준으로 군노무자와 기타 군요원으로 나뉘는데, 군노무자는 군부(軍夫), 고원(雇員), 용인(傭人), 공원(工員) 등을 가리킨다. 기타 군요원은 문관, 운전수, 간호부, 포로감시원 등을 가리킨다.

전쟁 막바지에는 일제가 지정하는 특정한 공장과 직장, 학교에 소속된 거의 모든 사람은 의무적으로 노무에 종사하는 강제상태에 놓이게 된다. 회사와 공장의 사장과 간부, 일반 직원, 학교 교사와 학생 모두 국가총동원법과 정부, 군부, 조선총독부 등 당국의 지시와 지정에 따라 징용 대상이 된다.

그렇다면 강제동원 피해자의 규모와 숫자는 어느 정도였을까? 강제동원을 시행한 일제가 근거 자료를 다 갖고 있었는데 그동안 많은 자료가 폐기되거나 은폐되어 정확한 규모를 파악하는 데 한계가 있다. 다만 남아 있는 자료를 토대로 최소한의 규모를 추정해볼 수 있다. 일제가 남긴 자료를 최근에 한국 정부의 기관(국무총리 소속 대일항쟁기 강제동원피해조사 및 국외강제동원위원회, 이하 '강제동원위원회')이 집계한 바에 따르면, 대략 연인원 780만 명에 달한다. 이것은 한반도 내에서 동원한 약 650만 명, 국외로 동원한 국민징용 및 할당·모집·관알선 등의 노무자 약 100만여 명, 군인·군무원 27만 명을 포함한 것이다. '연인원'이란 중복된 인원을 전부 합친 것이다. 한 사람이 여러 차례 동원된 경우도 있다.

국외 강제동원 지역은 일본의 식민지와 점령지역 등 일본이 진출한 모든 곳에 걸쳐 있다. 넓은 지역으로만 나누어 보면 일본 본토, 남사할린, 만주, 중국 동남부, 타이완, 하이난섬, 인도차이나반도, 필리핀, 보루네오, 인도네시아의 동남아시아 지역 전체, 그리고 일제가 남양군도라고 부르

강제동원 피해 규모(중복 동원 인원 포함)							
노무자 동원			계	군무원 동원		계	
한반도 내	도내동원	5,782,581	6,488,467	일본	7,213	60,668	
^	관알선	402,062	^	조선	12,468	^	
^	^	^	^	만주	3,852	^	
^	^	^	^	중국	735	^	
^	국민징용	303,824	^	남방	36,400	^	
				군인 동원		계	
한반도 외	국민징용	222,217	1,045,962	육군특별지원병	16,830	209,279	
^	할당모집 관알선	823,745	^	학도지원병	3,893	^	
^	^	^	^	육군징병	166,257	^	
^	^	^	^	해군 (지원병 포함)	22,299	^	
총계							7,804,376

※ 범례
1. 총계 1인당 중복 동원 포함
2. 동원 실수 최소 2,021,995명(한반도 노무자 동원 중 도내동원 제외한 수) 이상으로 추산
3. 지역 구분
   - 국내 6,552,883명[노무자 6,488,467, 군무원 12,468, 군인 51,948]
   - 국외 1,251,493명[노무자 1,045,962, 군무원 48,200, 군인 157,331]
4. 군무원 총수는 피징용자 동원 수를 제외한 수
5. '위안부' 피해자 제외
6. 군인(병력) 동원수 가운데 1945년 8월 기준 한반도 주둔군 숫자는 51,948명
(국무총리 소속 대일항쟁기 강제동원피해조사 및 국외강제동원위원회 작성)

는 지역, 뉴기니아와 남태평양 섬들에 걸쳐 광범위하다.

남양군도는 마리아나제도, 팔라우제도, 캐롤라인제도, 마셜제도 등의 미크로네시아 섬들을 가리킨다. 일제는 1922년부터 팔라우에 남양청을 설치하여 주변 지역을 지배·통치했다. 또한 일제는 조선과 타이완에 총

아시아태평양전쟁 당시 일본 최대 영역도
(일제강점하강제동원피해진상규명위원회, 『강제동원명부해제집』1, 2009)

독부를 설치했고, 남사할린에는 화태청을 두어 통치했다.

  1937년 중일전쟁 발발 직후 일제는 일본 본토와 사할린, 만주 지역에 필요한 조선인 노무자와 생산인력을 모집하여 송출하기 시작했고, 1941년 태평양전쟁 발발 이후 동남아시아와 남양군도 등 남방 지역으로 조선인 이민자와 군인, 노무자, 일본군'위안부'를 대거 동원했다.

  그런데 '강제동원'은 주로 국외로만 송출된 것으로 알고 있는데, 사실 국내에서 이루어진 강제동원 규모가 더 크다. 그렇지만 미귀환자 측면에서 볼 때 국내 군부대에 배치된 군무원 약 1만 5천여 명과 일부 군인을 제외하면, 나머지 군인·군무원 약 20만여 명과 약 100만여 명의 노무자들이 일본을 비롯해 중국, 사할린, 동남아시아, 태평양 섬들에서 강제노역을 하거나 총알받이가 되아야 했고 이들 중 상당수가 아직도 귀환하지 못하고 있다는 사실에 주목해야 한다.

2

귀환

　이 글에서는 강제동원되었다가 집으로 살아 돌아온 것을 '귀환', 돌아오지 못한 것을 '미귀환'이라고 한다. 위에서 설명했듯이 강제동원의 지역과 장소가 해외뿐만 아니라 한반도 내에서도 많이 이루어졌기 때문에 넓은 의미의 귀환과 미귀환은 한반도 내의 강제동원 피해자까지 포함할 수 있다.

　예를 들면, 김포공항의 활주로, 제주국제공항의 정뜨르 비행장 활주로, 알뜨르 비행장 활주로 등은 일제가 군사적 목적을 위해 조선인을 강제동원하여 만들거나 확장한 것이다. 그밖에 철도와 도로 공사, 군사시설 공사, 해남 옥매광산 등 전국의 수많은 광산과 군수회사, 공장에 조선인이 동원되었다. 일제와 조선총독부는 학교와 마을마다 보국대를 조직하여 학생과 주민들을 강제로 가입시키고 근로봉사, 근로보국 등의 명목으로 집단 노동과 사역에 동원했다.

일제는 총력증산정책과 군수회사법을 통해 조선의 철광·제철·기계·화학·경금속·제철 등 중화학 관련 업종과 비행기 회사·경금속·방적 분야 회사 등 100여 개를 군수회사로 지정했는데 소속된 지사와 공장, 작업장을 포함하면 조선의 거의 모든 작업장과 공장에 소속된 직원들도 징용된 상태였다.

하지만 현재까지 한반도 내 강제동원 문제는 연구와 조사가 시작된 지 얼마 되지 않기 때문에 이 문제는 잠시 접어두고자 한다.

이 글에서는 주로 한반도 밖으로 강제동원되었다가 귀환한 사례와, 특히 귀환하지 못한 사례에 초점을 맞추고자 한다.

중국과 만주 지역으로 동원되는 경우에는 한반도의 철도를 이용하여 이동하고, 나머지 국외 강제동원 피해자는 일본으로, 그리고 일본을 경유하여 사할린, 오키나와, 타이완, 해남도, 남양군도, 동남아시아, 태평양의 섬들로 송출되었다. 따라서 귀환하는 과정도 순조로운 경우 대부분 그 역순으로 이루어진다.

일본으로 동원된 사람들의 경우 일본 전역의 항구와 주요 기차역에서 기차를 타고 부산과 일본을 연결하는 '관부(關釜)연락선'의 기항지, 즉 시모노세키(下關) 항구와 주변의 센자키(仙崎), 하카타(博多), 규슈(九州) 인근 지역의 여러 항구와 역으로 몰려들었다.

전북 장수군 출생의 박수철(가명)은 배 만드는 회사라고 해서 홋카이도에 갔는데 탄광에서 강제노역을 해야 했으며, 해방되자마자 가족을 이끌고 도쿄를 거쳐 시모노세키에 도착했다. 그의 증언에 따르면 사람이 하도 많아서 "개미 떼 같아"라고 표현하고, 귀환 과정이 어찌나 험난했는지 "어떤 사람은 거기서 그냥 병신되었어. 거기서 깨져가지고 움직이지도 못하고. 아, 배에서 떨어져 죽는 것도 봤어"라고 회상한다.

배편이 모자라서 홋카이도에서 계속 대기하다가 12월경이 되어서야 하코다테(函館), 무로란(室蘭)을 출발해서 동해를 거쳐 귀환한 경우도 있다. 추운 겨울에 여름옷을 걸치고 얼어붙은 주먹밥을 먹으며 배 안에서 힘들게 견뎠다는 사람도 있고, 중간에 풍랑을 만나 바다 위에 떠 있다가 10일 만에 부산항에 도착한 사례도 있다.

일본에서 귀환한 경우는 그나마 다행이다. 사할린과 타이완, 오키나와, 남양군도, 태평양의 여러 섬에서 해방을 맞이한 사람들은 고국으로 돌아오는 길조차 힘들고 험난했다.

사할린에서는 최남단의 코르사코프 항구에서 홋카이도로 건너가는 배에 일본인만 탑승시키고 조선인의 탑승은 허락하지 않았다. 이제 조선인은 더 이상 일본 국민이 아니라는 것이다. 이 때문에 수만여 명의 조선인이 사할린에 갇혀버렸다. 이들의 귀환은 1990년 소련과의 국교가 정상화된 이후에 비로소 시작된다. 귀환의 길이 열리기까지 무려 50년이 걸린 셈이다.

오키나와 타이완, 남양군도, 태평양의 여러 섬에서 해방을 맞이한 조선인은 고향에 돌아갈 날을 손꼽아 기다렸지만, 이들은 연합군 입장에서 보면 일본군 포로이거나 적성국 국민이기 때문에 우선저으로 엄격한 신문과 조사를 받아야 했다. 전범에 해당하는지 아닌지 심문을 거친 후에야 비로소 귀환이 허락되었다.

이들은 작은 섬에서 큰 섬으로, 큰 섬에서 더 큰 섬으로 여러 차례 배를 갈아타야 했다. 쿠알라룸푸르, 마닐라, 다바오, 자카르타, 수라바야, 싱가포르, 홍콩, 상하이, 타이완 가오슝, 나하 등을 거쳐 부산, 인천을 통해 몇 달 만에야 겨우 한반도 땅을 밟기도 한다.

　그래도 이들은 해를 넘기지 않았지만, 수많은 사람들이 연합군의 포로가 되어서 포로수용소와 감옥 등에서 해를 넘겨야 했다. 이들은 대부분 이듬해인 1946년에야 비로소 한국으로 송환되었다. 하지만 이들 중 몇몇은 전범으로 재판에 회부되어 실형을 언도받고 형을 살기도 했다. 싱가포르 창이 형무소에 수감되었던 조선인 전범들 중 일부는 일본의 스가모 형무소로 이감되어 1950년대 이후에야 풀려나기도 했다.

　만주와 중국 지역에서 소련군의 포로가 된 조선인들은 저 멀리 시베리아와 중앙아시아까지 끌려갔다가 1949년에야 귀환한 사례도 있다.

　그래도 이들은 귀환할 수 있었기 때문에 그나마 다행이다. 강제동원 중에 사망한 희생자, 해방을 맞이해 고향으로 돌아오는 도중에 사망한 희생자, 아직까지 죽었는지 살았는지 소식도 알 수 없는 미귀환자의 사연은 더욱 처절하고 애절하다.

　이제 돌아오지 못한 미귀환자들의 사연을 좀 더 자세히 소개하고자 한다.

II

일본으로부터의 미귀환

1

일상적인 사고사

　일본의 강제동원 현장은 주로 댐과 농수로 건설, 방공호와 활주로 등의 군사시설 건설, 도로·철도 등의 토목공사 현장, 무기와 군복·비행기·군함 등을 제조하는 군수공장, 탄광 등이다. 대부분의 강제동원 현장에서 각종 사고와 학대 등으로 인한 변사와 병사가 만연했는데, 이 중에서도 탄광에서의 사고와 변사가 가장 많았다.

　탄광에 배치된 조선인들은 대부분 가장 힘들고 고된 막장에 투입되어 다이너마이트로 터널을 뚫고 지지대와 기둥을 세우고 철로를 깔고 철광석과 석탄을 캐고 나르는 일을 떠맡았다. 그러다 보니 폭발물에 의한 사고, 암반과 돌이 떨어져 깔리는 사고, 갱(坑)이 무너져 묻히는 사고, 지하수가 터지거나 바닷물이 쏟아져 들어와 갱이 침수되거나 익사하는 사고, 지하에 매장된 가스가 누출되어 질식하거나 폭발하는 사고, 무거운 지지대와 받침목이 무너지거나 터져서 다치는 사고, 갱차에 깔리거나 치이는 사

조세이 탄광의 환기구

고가 끊이지 않았다.
 이 때문에 크고 작은 부상을 당하지 않은 탄광 노무자를 찾아보기 힘들 정도이다. 부상을 당하면 찰과상은 예사이고 손가락이나 발가락이 하나둘씩 잘려나가거나 마비된 경우가 즐비하다. 심한 경우 팔과 다리를 절단하는 경우도 있고 머리를 크게 다쳐 불구가 된 사례도 적지 않았다. 불행하게도 탄광에서 사고가 발생하면 십중팔구 사망자가 발생하기 일쑤이다.
 야마구치현(山口縣) 우베시(宇部市)에 조세이(長生)탄광이 있는데, 지상에서 시작된 갱이 바다로 이어져 해저에서 탄을 캐던 곳이다. 1941년 무렵 약 1,200여 명의 조선인 노무자가 동원되어 작업을 했는데, 조선인 광부가 많아서 '조선 탄광'이라고 불릴 정도였다.

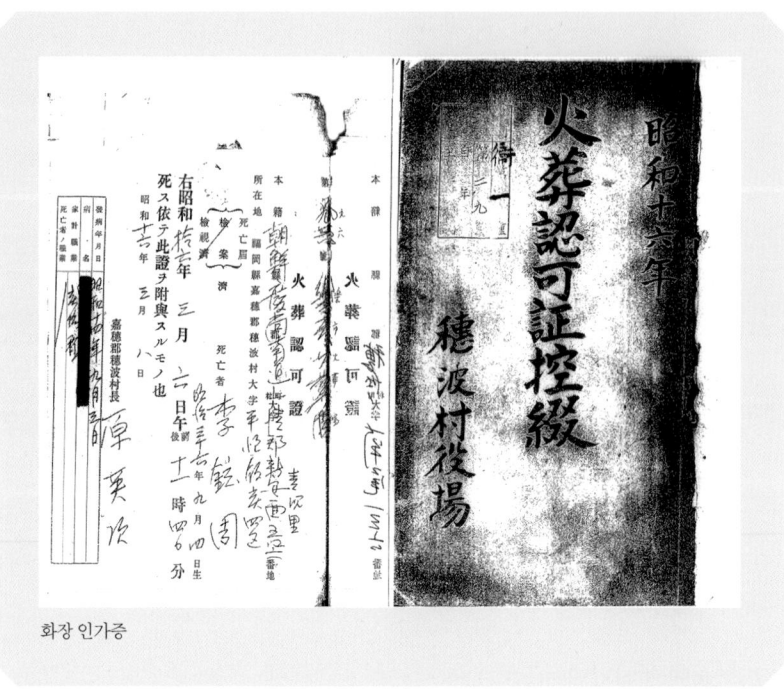

화장 인가증

　1942년 2월 3일 본갱(제1갱) 약 1천m 지점에서 갑자기 바닷물이 쏟아져 들어오는 바람에 갱 안에 있던 광부 180여 명이 익사하는 참사가 발생했다. 이 가운데 약 130여 명은 조선인 강제동원 노무자였다. 그런데 회사 측은 이들을 구조하기는커녕 바닷물이 다른 갱으로 역류하는 것을 막아야 한다면서 갱을 막아버리고 이들이 수몰되는 것을 그냥 방치했다. 사건 발생 직후 회사는 경찰과 직원들을 동원해 가족들의 접근을 막고 갱 입구에 시멘트를 쏟아부어 완전히 폐쇄했다. 이들의 주검과 유해는 아직도 어두운 갱 안에 갇혀 있다.

　일본 후쿠오카 지역에서 오랫동안 강제동원 피해 기록과 희생자 유해

를 조사해온 김광열(1927~2015)이라
는 분이 수집한 자료 중에 각 탄
광 회사가 작성한 변재보고서, 소
재지의 관청이 보관하고 있는 화
장인가증(火葬認可証), 호적접수장(戶
籍受付帳), 인근 사찰에 유골을 맡길
때 작성하는 과거장(過去帳) 등이
있다. 주로 탄광에서 일하다 사망
한 사람들의 사건과 유해에 관한
기록물이다.

이 가운데 메이지광업(明治鑛業)
의 변재보고서(變災報告書)를 소개해
보자. 변재보고서는 탄광에서 발
생한 사고를 상부에 보고하기 위
해 작성하는 공식 문서이다. 『메
이지광업 변재보고서철』이라는
기록물을 분석한 김광열은 '사망

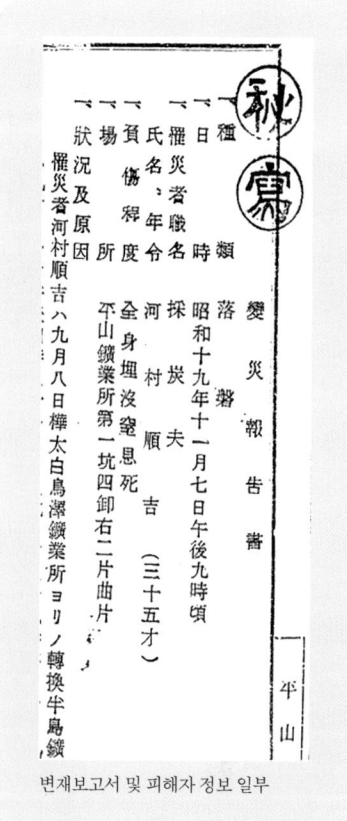

변재보고서 및 피해자 정보 일부

자 수는 일본인 14명, 조선인 18명인데, 조선인 18명 가운데 3명은 이중
연행된 사람이다'라고 적었다. '이중연행'이란 사할린에 있던 조선인을 일
본으로 다시 데려와서 일본의 탄광에 '전환배치'한 것을 가리킨다. 사할
린 지역의 강제동원 피해와 '전환배치'에 관해서는 뒤에서 별도로 설명하
겠다.

사할린에서 후쿠오카의 메이지광업으로 전환배치되어 이곳에서 사고

사망자	사할린 소속 탄광	전환배치일	사망 연월일	사망 원인
木本在培	白鳥澤광업소	1944. 9. 15	1944. 11. 4	낙반사고, 매몰압박 후 사망
河村順吉	白鳥澤광업소	1944. 9. 8	1944. 11. 7	전신매몰 질식사
松本庚述	白鳥澤광업소	1944. 9. 2	1944. 12. 21	전신매몰 후 압박사

로 사망한 세 사람에 대해 변재보고서에는 위의 표와 같이 기록되어 있다.

"위의 세 사람은 1944년 9월 사할린에서 후쿠오카의 메이지탄광으로 전환배치된 지 불과 2~3개월 만에 사고를 당해 사망하고 말았다."

'사망 원인'에 대해서는 낙반사고, 매몰, 전신매몰, 질식사, 압박사로 기재되어 있다.

이와 같이 일본의 탄광과 공장, 건설 및 토목현장에 동원된 조선인은 일상적인 위험에 노출되어 고향으로 귀환하지 못한 경우가 많았다.

2

공습 피해

　일본 본토에서는 직접적인 전투가 벌어지지 않았기 때문에 다른 지역과 달리 전투에 의한 사망자는 발생하지 않았다. 하지만 1944년 무렵부터 일본의 주요 대도시에 미군의 대규모 공습이 이루어져 수많은 사람이 부상을 당하고 사망했다. 초기 미군의 공습 목표 지역은 군수공장과 비행장, 조선소 등 군사시설에 집중되었고, 점차 인구가 밀집한 대도시로 확대되었다. 도쿄를 비롯해 나고야(名古屋), 오사카(大阪), 고베(神戸), 교토(京都), 요코하미(橫浜)의 6대 도시와 지방의 주요 도시가 공습을 받았다. 미국 전략폭격조사단이 추정한 사망자는 약 25만여 명이지만, 100만 명이 사망했다는 일측의 주장도 있다.

　이때 일본에 있던 수많은 조선인도 피해를 입었지만 정확한 숫자는 알 수 없다. 다만 도쿄 지역에 대한 대공습으로 약 7만 7천여 명이 사망했는데 이 가운데 조선인이 다수 포함되어 있는 것으로 알려져 있다.

도쿄 스미다구(墨田区) 요코아미(橫網)공원 내에 도쿄도위령당(東京都慰霊堂)이라는 시설이 있는데 1923년 도쿄대지진과 1944~1945년 도쿄대공습과 같은 재난으로 인해 발생한 무연고 유골들을 보관하고 추도하는 곳이다. 대지진이 일어나면 화재가 많이 발생한다. 그리고 전쟁 중 미군 폭격기에서 떨어뜨린 폭탄은 소이탄이라고 하는 특별한 폭탄인데 역시 무시무시한 화재를 만들어내는 것이다. 공습의 피해는 대부분 화재이다. 불기운이 도시 전체를 휘감아서 불이 없어도 뜨거운 열기와 연기 때문에 수많은 사람이 희생되었다. 이렇게 공습과 화재로 희생된 시신들은 형체를 알아볼 수 없기 때문에 신원을 확인하기 힘들다. 이런 이유로 무연고 희생자와 신원 미상의 유골이 많이 생겼다.

도쿄도위령당에는 현재 약 16만여 명의 조난자 유골이 보관되어 있다. 이곳에 보관된 유골 중에는 조선인도 포함되어 있다. 일부 희생자가 포함된 명단도 보존되어 있다.

대공습에 의한 희생자뿐만 아니라 히로시마(廣島)와 나가사키(長崎)에 투하된 원자폭탄에 희생된 조선인도 수만 명에 달한다. 이에 관해서는 뒤에서 자세히 다룰 것이다.

이 위령당의 본당 뒤편에 가면 별도의 창고 같은 곳에 커다란 유골 항아리가 천장까지 닿아 있다. 각 항아리 속에는 수백 수천 명의 무연고 유골이 한데 섞여 있다. 일부 신원의 단서가 확인되고 개체가 보존된 유골의 경우 작은 유골함에 따로 보존된 경우도 있다. 이렇게 한 사람씩 보존된 유골 중에 조선인으로 추정되는 유골이 포함되어 있다.

도쿄도위령당의 본당

위령당 옆에 세워진 '간토대진재(관동대지진) 조선인 희생자 추도비'

도쿄도위령당 뒤편의 유골 보관 장소
앞쪽 테이블 위에 있는 작은 유골 항아리는 조선인 유골만 일부 선별한 것이다.

3
원폭 피해자

　1945년 8월 6일 히로시마에 원자폭탄이 투하되고 사흘 뒤인 9일 나가사키에도 원자폭탄이 투하되면서 수십만 명의 사망자와 피폭자가 발생했다. 그로부터 약 일주일 뒤인 8월 15일 일본 천황이 종전을 선언하면서 태평양전쟁이 막을 내리고 조선은 해방을 맞이한다.
　35년 간의 일제강점기를 견디고 해방을 맞이한 조선으로서는 일본에 떨어진 원폭 문제를 가늠하기 쉽지 않은 편이다. 더구나 히로시마와 나가사키에 원폭이 투하되었을 때 수만 명이 사망하고 피폭을 당했다는 사실은 특히 더 그러하다.
　일제강점기 일본의 주요 도시에는 일자리를 찾아온 조선인과 그 가족들, 그리고 유학생이 거주하고 있었다. 게다가 히로시마와 나가사키는 조선소와 군수공장 등이 밀집한 곳이었다. 일제는 현지에 거주 중이거나 이미 공장 등에 취업 중인 조선인을 현원으로 징용하고 국민근로보

히로시마(왼쪽)와 나가사키(오른쪽)에 원폭이 투하된 직후 형성된 버섯 구름의 모습

국대 등의 명목으로 동원했으며, 조선에서 데려온 이입 노무자 등을 강제로 배속하여 노예처럼 사용하고 있었다. 1945년 무렵 히로시마에는 약 8만여 명, 나가사키에는 약 6만여 명의 조선인이 거주하고 있었는데, 이는 1937년 중일전쟁이 시작될 무렵에 비해 무려 약 12배 정도 증가한 것이다.

히로시마와 나가사키에 투하된 원폭으로 약 70만 명이 피폭되고 23만여 명이 목숨을 잃었는데, 이때 조선인 피폭자는 약 7만 명, 사망자는 약 4만 명으로 추정된다.

히로시마와 나가사키에 있던 전체 인구 중 약 70만 명이 피폭을 당하고 이 중 약 23만여 명이 사망했으니 약 40%가 사망한 것이다. 그런데 조선인은 두 도시에서 약 7만 명이 피폭을 당하고 이 중에서 4만 명이 사망

히로시마 · 나가사키 원폭 피해자 수

구분	전체		조선인	
	총 피폭자 수	사망자 수	총 피폭자 수	사망자 수
히로시마	420,000	159,283	50,000	30,000
나가사키	271,500	73,884	20,000	10,000
합계	691,500	233,167	70,000	40,000

(허광무,『히로시마·나가사키 조선인 원폭피해에 대한 진상조사-강제동원된 조선인 노무자를 중심으로』, 대일항쟁기강제동원피해조사및국외강제동원희생자등지원위원회, 2010.12., 34쪽 〈표IV-1〉)

했으니 절반 이상이 사망한 셈인데, 일본인보다 훨씬 더 많은 사망자가 발생했다는 것을 알 수 있다.

이는 원폭이 투하될 당시 조선인이 집중적으로 피해를 당할 수밖에 없는 사정이 있었기 때문이다. 특히 히로시마에서 사망자가 많이 발생한 이유는 원폭이 투하되던 바로 그 순간에 조선인들이 폭심지에 집중해 있었기 때문이다. 원래 히로시마의 미쓰비시중공업 조선소 등 군수공장과 작업장은 시 외곽의 해안가에 있었고 조선인들도 이곳에 있어야 했다. 그런데 원폭이 투하되기 몇 주 전부터 일제 당국은 미군의 잦은 공습에 대비하기 위해 소개(疏開)작업을 벌이고 있었다.

소개란 적의 공습 때 떨어지는 폭탄으로부터 사상자와 화재를 줄이기 위해 사람과 병력을 분산시키고 화재와 붕괴에 취약한 건물을 미리 허물고 솎아내어 정비하는 작업이다. 일제 당국은 히로시마 지역의 공습 피해를 줄이기 위해 화재에 취약한 건물들을 허물고 정비하는 작업에 조선인을 동원했던 것이다. 8월 6일 아침에도 여러 공장에 소속된 조선인 노무자들이 시내 곳곳에서 소개 작업을 진행하고 있었다. 이 때문에 원폭이

나가사키 교무소(教務所)의 납골당에
보관된 조선인 원폭 희생자의 무연고 유골
(『히로시마·나가사키 조선인
원폭피해에 대한 진상조사』, 52쪽)

떨어진 곳에서 반경 약 2km 이내에서 작업 중이던 대부분의 조선인들이 즉사하고 나머지 시내 곳곳에서 작업 중이던 조선인들 역시 큰 피해를 당할 수밖에 없었다.

나가사키의 경우 조선인이 소속된 공장과 작업장은 폭심지에서 가까운 편이었지만 나가사키는 산과 협곡이 많아 원폭에 의한 직접적인 사망자는 비교적 적었다. 대신에 피폭자가 많이 발생했는데, 그 이유는 입시(入市)피폭 때문이다.

입시피폭이란 원폭투하 후 시내로 들어가서 피폭을 당한 것을 가리킨다. 원폭이 투하된 직후 일제 당국은 폐허가 된 시내 곳곳에서 시신을 수습하고 부상자를 이송하고 화재를 진압하고 도로의 잔해를 치우는 등의 복구작업에 조선인을 집중적으로 동원했다. 그 때문에 히로시마와 나가사키, 그리고 주변 지역에 있던 조선인들은 영문도 모른 채 방사능에 오염된 시내 곳곳에 들어가 피폭을 당했다. 가와나미 후카호리조선소로 동원된 김〇식은 일본인에게 맞아서 갈비뼈가 부러져 병원에 입원해 있

33

었는데 당시 상황을 이렇게 증언한다.

거기 공장, 나는 저 환자가 돼서 안 갔는데, 그 직원들 전부 그 시내로 시체 치우러, 시체 치우러 인제 모두 가더라구요. … 당일 트럭 타고 가서 막 시체를 막 굴에 모아가지고 막 불에 태우고 인제 그랬다고 그러더라구요. … 한 10여 일 그래 한 거 같애요.

가까스로 목숨을 건진 사람들도 아비규환의 현장에서 고통을 당해야 했다. 식량과 물도 구하기 힘든 상황에서 상처를 치료하기 위해 멀리 떨어진 병원이나 치료소 등을 찾아가면, 일본인도 치료하기 힘든데 조선인 따위에게 줄 약은 없다면서 박대하고 쫓아내기 일쑤였다.

수많은 가족과 지인들이 원폭에 희생되고 자신은 피폭을 당한 채 한국으로 어렵게 귀환한 원폭 피해자들은 죽을 때까지 원폭의 고통을 피하지 못했을 뿐만 아니라 심지어 그 고통을 2세대와 3세대에까지 물려줘야 하는 비참한 운명과 싸워야 했다. 1970년대까지 일본 정부는 한국인 원폭 피해자들의 피해를 인정하지 않았고, 이에 맞서 손진두 씨는 직접 일본에 건너 가 오랜 기간 법정 투쟁을 벌이기도 했다. 일명 '손진두 재판'은 일본 사회에 한국인 원폭 피해자의 존재를 처음으로 각인시키고 국내의 피해자들에게 '일본 방문 치료'의 길을 열어준 계기가 되었다.

그 후 일본 정부는 대한적십자사를 통해 한국인 원폭 피해자에 대한 의료지원과 수당 등을 제공해오고 있지만 1세대만 적용되기 때문에 2세대, 3세대까지 이어지고 있는 원폭에 의한 유전병과 각종 질환에 대해서는 인정하지 않고 있다.

게다가 최근 들어 일본 정부는 원폭 피해 사실만을 크게 부각하여 자신들이 전쟁 피해자였다는 점을 국제 사회에 알리는 데 열중하고 있다. 여기에는 일본 정부와 우익 등이 자신들의 전쟁 책임을 덮고 희석시키려는 저의가 깔려 있다.

조선인 원폭 피해자의 존재야말로 일제의 반인륜적인 강제동원의 피해가 수 세대에 걸쳐 이어지고 있는 비참한 현실을 보여주는 증거이다.

4
우키시마호 폭침 사건

 1945년 8월 15일 일본 천황이 라디오방송을 통해 패전을 알리자 한반도뿐만 아니라 일본과 사할린, 남양군도 등 격전지에 끌려간 조선인들은 드디어 지옥에서 벗어나 꿈에 그리던 고향으로 돌아갈 수 있다는 안도감에 감격했다.
 일본이 패망할 무렵 일본 전역에 약 200만 명의 조선인이 거주하고 있었으며, 해방 직후부터 1946년까지 약 140만 명이 한반도로 귀향한 것으로 추정된다.
 일제의 감시와 강제동원에서 해방된 조선인들은 하루라도 빨리 고향으로 돌아가기 위해 배편이 있는 시모노세키, 하카타, 센자키, 모지(門司) 등 일본의 주요 항구로 몰려들었다.
 이 무렵 패망한 일본은 연합군과 미군정의 치하에 놓이면서 조선과 중국 등에서 도망쳐 들어오는 자국민의 귀환 문제를 우선하느라 일본으

우키시마호(1942년 무렵)

로 끌고 온 조선인, 중국인 등의 송환에 제대로 대응하지 못했다. 전쟁 기간 동안 거의 모든 대형 선박들은 징발되어 격전지에서 파괴되었고, 일본에 남아 있던 얼마 되지 않는 선박들은 미군정의 항해 금지 명령 때문에 제대로 운항되지 않았으며 그마저도 군인·군무원부터 수송하느라 징용 노무자와 일반인의 탑승은 엄격히 제한되었다. 그러다 보니 고향으로 돌아갈 생각에 마음이 급한 조선인들은 매일같이 항구 주변에서 배편을 기다리며 애를 태웠다.

이런 가운데 어렵사리 올라탄 배가 한반도를 향해 가던 도중에 의문의 사고와 태풍을 만나 침몰했다. 배에 타고 있던 조선인들은 결국 꿈에 그리던 고향 땅을 밟지 못하고 사라져갔다. 가장 대표적인 사례는 우키시마호 폭침 사건과 쓰시마(對馬島)·이키(壱岐)섬 부근 조난 사고이다.

우키시마호 폭침 사건은 해방 직후인 1945년 8월 24일, 아오모리현(青

森縣) 오미나토(大湊) 항에서 강제동원된 조선인 등 수천여 명을 태우고 한국으로 향하던 여객 수송선 우키시마호가 교토 지역의 마이즈루(舞鶴)항 앞바다에 정박하던 중 갑자기 폭발하는 바람에 승선해 있던 수천여 명이 희생된 사건이다.

일본의 북동부 끝자락에 위치한 아오모리현 오미나토 지역에는 해군 경비부가 위치하고 있었는데, 홋카이도를 포함한 쓰가루(津輕) 해협과 쿠릴열도, 남사할린 일대의 방위 임무를 책임진 곳이었다. 그러다 보니 이 일대에는 대규모의 방공호와 지하창고, 비행장, 철도 건설 현장 등이 있었는데 이곳에 수천 명에 달하는 조선인 군무원과 강제징용자들이 동원되었고 주변 하청 군수공장과 작업장 등에 소속된 조선인 노동자와 가족들이 밀집해 있었다.

패전 직후 혼란스러운 가운데 일본 당국은 조선인들이 많이 밀집한 곳일수록 문제가 발생할 수 있기 때문에 서둘러 이들을 일본에서 내보내려고했다. 해군의 특설운송선인 우키시마호는 오미나토 지역의 조선인들을 한반도로 귀환시키라는 상부의 명령을 받고 8월 20일부터 조선인들을 승선시켰는데 승선자 명부를 제대로 작성하지 않았다. 강제징용자들을 비롯해 남녀노소 조선인들은 고향에 가기 위해 앞다투어 배에 올랐다. 전후에 이루어진 일본 당국의 조사에 따르면 조선인 3,735명(강제징용자 2,838명, 민간인 897명), 승조원 255명이 탑승했다고 주장하는데, 생존자들의 증언에 따르면 실제 승선자는 7,000~8,000명 이상이라는 주장도 있다.

일본 연안을 따라 남쪽으로 내려오던 우키시마호는 도중에 미군정 당국의 항해 금지 명령과 상부의 지시에 따라 8월 24일 오후 교토 마이즈루 항의 앞바다에 닻을 내렸다. 그런데 얼마 후 갑자기 배가 폭발해 수천

1954년까지 바다에 방치된 우키시마호

여 명이 사망하고 일부만 겨우 살아남아 주변의 어부들과 주민들에 의해 구조되었다.

사고 후 일본 당국은 조선인 524명, 승조원 25명이 사망했다고 밝혔는데, 생존자들은 애당초 탑승자가 수천 명에 달했고 대부분 사망했기 때문에 일본 당국이 발표한 사망자 숫자는 터무니없이 축소된 것이라고 주장한다. 폭발 원인에 대해서도 일부 생존자와 피해자 유족들은 한국에 도착하면 보복을 당할지 모른다며 두려워한 일본인 승조원들이 배 안에 폭탄을 설치해 자폭한 것이라고 주장하는 반면, 일본 당국은 전쟁 기간 동안 미군이 일본 선박의 출입을 막기 위해 바다에 뿌린 기뢰(수중폭탄)에 부딪혀 폭발했을 가능성이 높다고 보았다. 실제로 당시 마이즈루 항구 주변에서는 기뢰 접촉에 의한 폭발 사건이 여러 건 발생했다. 서두에서 소개한 전북 장수군 출생의 박수철(가명)은 이렇게 회상한다. "그때는 전쟁 단계에 배가 기뢰에 맞으면 배에 그냥 물이 들어와버리거든. 그럼 다 죽지 뭐…."

지금까지 폭발의 원인은 밝혀지지 않은 채 미궁 속에 남아 있다.

일본 정부는 전후 두 차례에 걸쳐 침몰 지역과 주변 지역을 조사하여 배의 잔해와 유해 일부를 수습했다. 그 후 수습한 유해는 신원을 확인할 수 없기 때문에 한꺼번에 화장을 한 후 사망자의 인원 수만큼 분골하여 최종적으로 도쿄의 유텐사(祐天寺)라는 사찰에 위탁하여 보관했다.

그 후 한일 정부 간 합의에 따라 1970년대부터 수차례에 걸쳐 조선인 군인·군무원 유골이 우리 정부에 인계되었는데, 이때 우키시마호 폭침 사건의 희생자 유골도 일부 국내로 봉환되었다.

하지만 유텐사에는 여전히 우키시마호 폭침 사건의 희생자 유골 약 280위가 남아 있다.

그동안 일부 생존자와 피해자 유족 등이 일본 정부를 상대로 일본에서 소송을 제기했지만 모두 패소했다. 유족 등은 일본 정부에 사건의 진상 규명과 탑승자 명단 공개, 유골 재인양 조사, 피해보상 등을 요구하고 있는데 일본 정부는 이에 응하지 않고 있다. 또한 일부 유족은 지금이라도 당장 유텐사에 남아 있는 유골을 국내로 모셔오기를 바라지만, 일부 유족과 관련 단체는 일본 정부가 성의 있는 대응을 하기 전에는 유텐사의 유골을 국내로 모셔올 수 없다며 반대하고 있다.

5
태풍 해난 사고

    해방 직후 일본에서 고향으로 돌아가기 위해 시모노세키, 하카타 등의 항구로 몰려든 수십만 명의 조선인들은 배편을 구하지 못해 발을 동동 굴렀다. 이들 가운데 원자폭탄이 떨어진 히로시마에서 간신히 살아남은 조선인 강제징용자들이 있었다. 앞에서 설명했듯이 원자폭탄이 떨어진 히로시마, 나가사키 지역의 군수공장에서 일하던 조선인 강제동원 피해자들이었다. 이 가운데 히로시마의 미쓰비시조선소(三菱造船所)에는 조선인 강제징용자 약 2,700여 명이 동원되었다. 원폭이 투하된 이후 간신히 살아남은 조선인들은 고국으로 돌아가기 위해 시모노세키 항구로 몰려갔지만 정기 귀환선은 이미 포화상태였고 배편도 불확실했다. 그러자 일행은 인근의 작은 항구인 도바타(戶畑) 항에서 민간 어선을 빌려 귀국길에 올랐다. 당시 너무 많은 사람이 몰려들다 보니 정기 선박이나 대형 수송선을 타지 못한 사람들은 조금씩 돈을 모아 100톤 미만의 민간 어선이나

마쿠라자키 태풍 경로와 조난지역

소형 선박을 빌려 물살이 빠르기로 유명한 대한해협을 건너기도 했다. 그야말로 목숨을 건 위험한 항해였다.

1945년 9월 17일 오전 241명의 강제징용자와 가족 5명을 태운 어선은 도바타 항을 출항했지만 하필이면 이날 규슈 남쪽에 상륙한 태풍 제16호(일명 마쿠라자키)를 피하지 못하고 쓰시마 인근에서 침몰하고 만다. 아무도 살아남지 못했다.

당시 미쓰비시조선소에서 조선인 강제징용자의 노무관리를 담당했던 후카가와 무네토시(深河宗俊)는 히로시마 역에서 이들을 배웅했는데 1970년대에 뒤늦게 한국의 가족들로부터 이들이 귀국하지 못하고 실종되었다는 소식을 들었다. 이후 후카가와 씨는 회사와 관계자들에게 이를 알렸지만 아무도 관심을 갖지 않자 혼자서 이들의 행방을 수소문하기 시작했다.

1973년부터 실종된 사람들을 찾아나선 후카가와 씨는 출발지인 기타큐슈 일대와 쓰시마, 이키섬을 찾아 헤매다가 이키섬 주민들로부터 당시 태풍 때문에 해안가로 떠밀려 온 조선인들의 시신을 주민들이 바닷가 주변에 가매장했다는 사실을 알게 되었다. 처음에 후카가와 씨는 이들이 바로 자신이 찾고 있던 미쓰비시조선소 강제징용자들의 시신이라고 믿었지만, 사실 이들은 또 다른 태풍의 희생자들이었다.

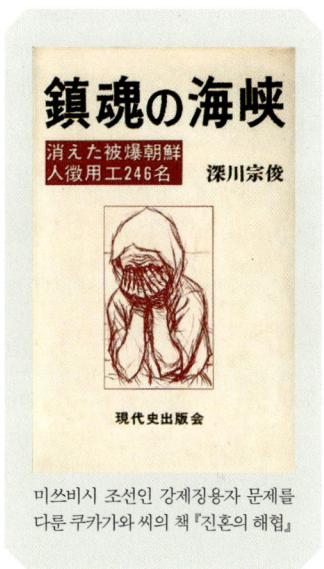

미쓰비시 조선인 강제징용자 문제를 다룬 후카가와 씨의 책 『진혼의 해협』

미쓰비시조선소 강제징용자들을 태운 배를 침몰시킨 태풍은 9월 17일의 '마쿠라자키 태풍'인데, 이키섬에 떠밀려온 조선인들의 시신과 관련된 태풍은 10월 11일에 상륙한 '아쿠네 태풍'이었다. 그러니까 10월 초에 대한해협을 건너려던 또 다른 조선인들이 탄 배가 아쿠네 태풍을 만나 침몰했고, 그 시신들이 이키섬과 쓰시마 주변 해안에 떠밀려왔던 것이다.

그러나 후카가와 씨는 한국의 유족들에게 이러한 사실을 알리고 '미쓰비시침몰유족회'를 조직하여 일본 정부와 관계 기관 등에 사건의 조사와 유골 발굴 등을 촉구했다. 그 후 몇 차례에 걸쳐 쓰시마와 이키섬의 조선인 유골 수습이 이루어졌지만 미쓰비시조선소 강제징용자들을 특정하지는 못한 채 '조선인의 유해'라는 사실만 확인하는 데 그쳤다. 수습한 유골 약 130여 위는 여러 곳을 전전하다가 2003년부터 사이타마현(埼玉縣)의

곤조인(金乘院)이라는 사찰에 모셔졌고, 해마다 일본의 시민단체들이 공양을 했다. 그러다가 2018년에 이키섬의 덴토쿠지(天德寺)라는 사찰로 옮겨져 현재에 이르고 있다.

    이처럼 해방 이후 고향으로 돌아가기 위해 서둘러 배를 타고 대한해협을 건너려던 조선인들은 태풍을 만나 영영 돌아올 수 없는 억울한 죽음을 맞이하기도 했다. 아직도 얼마나 많은 배가 침몰했고 얼마나 많은 사람들이 조난을 당해 실종되었는지, 혹은 일본의 바닷가 마을 어딘가에 묻혀 있는지 확인되지 않은 사연들이 너무나도 많다.

III

오키나와의 참상

1
죽음의 섬

　일본의 아름다운 휴양지로 유명한 오키나와는 매우 슬픈 역사를 간직하고 있고, 우리 한국과도 인연이 깊은 곳이다.

　아시아·태평양전쟁 기간 동안 일본 본토에서는 전투가 벌어지지 않았지만 일본의 내지(內地)에 해당하는 곳에서 벌어진 전투가 있으니 바로 오키나와 전투이다. 1945년 2월 하순 일본 남단에 위치한 이오지마(硫黄島)에 상륙한 미군은 곧바로 오키나와 공략에 착수한다. 오키나와를 손에 넣으면 이제 본토 상륙만 남게 된다.

　3월 중순부터 6월 하순까지 오키나와의 여러 부속 섬들에서 미군과 일본군의 치열한 전투가 벌어지는데, 일본군 약 8만 명, 민간인 약 12만여 명이 희생된다. 이 가운데 조선인 강제동원 피해자 수천 명과 일반인 다수가 포함되어 있다. 또한 살아남은 조선인들은 미군의 포로가 되어 오랜 기간 수용소에 갇혀 있다가 귀환할 수 있었다.

한국인위령탑(오키나와 마부니 평화기념공원 내)

　오키나와 지역에서 조선인 강제동원 피해자들이 겪은 일은 일본 본토와 달리 직접적인 전투에 따른 참상일 뿐만 아니라 일본군에 의한 만행이 극에 달했기 때문에 따로 설명할 필요가 있다.
　오키나와 지역에는 일찍이 조선인 탄광 노무자와 군인, 군부(군무원의 일종) 등 모든 유형의 강제동원이 존재하는데, 이 중에서 특설수상근무대로 알려진 군부가 대표적이다. 일제는 본토 결전을 앞두고 1944년 6월 부랴부랴 경북 지역에서 약 3천 명외 조선인 청년을 강제로 차출하여 8~9월경 오키나와 전역에 집중 배치한다. 이들은 주로 항구와 선박에서 하역 작업과 부대 시설 공사 등에 투입되었고, 전쟁 말기에는 자살공격대로 동원되었다. 일례로 1945년 6월 21일 야마시로(山城) 지역 전투 중 조선인 군부 전원을 자살공격대로 투입해 중대가 전멸했다는 기록이 남아 있을 정도이다.

1945년 3월 오키나와 전투가 시작되기 전까지 조선인들은 노예 같은 생활을 하며 수많은 사고에 노출되었다.

이시가키(石垣)에 비행장을 건설할 때에도 활주로 건설과 수리에 현지 주민과 조선인들이 대거 동원되었다. 하라다구미(原田組)라는 업체가 조선인 노무자 약 200~600명을 동원하여 공사를 진행했다. 다이너마이트를 터뜨리고 바위를 깨는 작업을 하다가 다치는 사람이 많았고 화상을 입어 사망한 사람도 있다고 하는데, 정확한 숫자는 알 수 없다.

이런 식으로 오키나와의 수많은 섬에서 자살특공정 엄폐호 파기, 민간용 방공호 파기, 진지 구축, 군수물자 하역 작업에 조선인들이 동원되었다. 현지 주민들에 따르면 당시 이시가키에는 약 700명가량의 조선인들이 있었다고 한다.

이리오모테지마(西表島)라는 섬에는 오래전부터 탄광 채굴이 활발했다. 전쟁 중에도 마루미즈(丸三)광업소를 비롯해 수많은 소규모 탄광업체들이 채굴을 하고 있었다. 이들 탄광업체에는 '모집'이라는 형태로 일본 본토에서 온 광부, 노무자들이 있었는데 이 가운데 조선인도 다수 섞여 있었다.

조선인 노무자들에 대한 처우는 매우 열악했고 가혹한 중노동을 견디다 못해 일부는 도망치기도 했다. 하지만 좁은 섬에서 멀리 도망가지도 못한 채 주민들의 신고로 이내 붙잡히기 일쑤였다. 탈출에 성공한 사람은 2%가 되지 않는다는 증언도 있다. 그 2%의 조선인들도 모두 섬 밖으로 무사히 탈출했다고 보기는 어렵다.

전쟁이 끝난 후 미군이 나무를 벌목하기 위해 이리오모테지마에 상륙했을 때, 산속에서 이곳저곳에 흩어진 백골을 발견했다고 한다. 1972년

안동호
(사가현 가라쓰시 근대도서관)

무렵 민간인 조사단이 조사를 진행할 당시에도 이따금 백골을 발견할 정도였다. 당시 조사단은 이 백골들을 전쟁 기간 중 산으로 도망쳐 숨어 지내다가 굶어 죽은 조선인들의 유해로 추정했다.

이리오모테지마의 항구는 매우 훌륭한 천연 요새이기 때문에 해군 설영대가 주둔하고 있었다. 설영대는 군대에서 토목공사를 담당하는 건설 부대라고 할 수 있다. 이 해군 설영대에는 약 30명 정도의 조선인이 소속되어 있었는데, 일본군은 이들을 가혹하게 학대했다. 일본군은 조선인을 곤봉으로 때려가며 일을 시켰고, 매를 맞아 기절하면 물을 끼얹어 깨운 후 다시 일을 시켰다고 한다. 이렇게 학대를 하다가 죽으면 땅에 매장했다고 종전 후 마을 주민들이 증언하기도 했다.

'안동호(安東丸) 사건'이라는 것이 있다.

안동호는 전쟁 말기 중국(만주)과 조선에서 식량을 조달하기 위해 일본 육군이 만든 전장 32m가량의 소형 범선(정크선)이다. 전쟁 말기 미군의 공습으로 중대형 수송 선박 상당수가 침몰하자 일본군은 안동호와 같은 정크선을 이용해 중국 다롄(大連) 등에서부터 제주도와 쓰시마(津島)를 거쳐 센자키, 가라쓰에 만들어둔 식량 저장소까지 식량을 운반했다. 무기도 없이 전쟁 중에 식량을 운반하다가 미군의 공격을 받거나 풍랑을 만나 좌초하는 경우도 많았을 것이다.

1945년 초(1~2월경) 다롄에서 대두·콩 등 잡곡을 싣고 규슈로 가던 안동호는 제주도 부근에서 엔진이 고장 나는 바람에 이리오모테지마까지 떠내려왔다. 당시 섬 주변에 포대를 구축하던 중포병 제8연대 제1중대의 중대장 오노 후지이치(小野藤一) 대위는 안동호를 나포하고 선적된 식량을 모두 빼앗고 선원들을 강제노역에 동원하고 학살하였다.

나포된 승조원은 17명이었는데 선장은 조선인, 통역도 조선인(또는 중국인)이었고, 중국인(당시에는 만주족이라고 불렸다) 또는 조선인 승조원이 섞여 있다는 설도 있다. 모두 조선인이었을 수도 있고 중국인이 몇 명 섞여 있었을 수도 있지만 정확한 것은 알 수 없다.

어쨌든 안동호 선원들은 군인들에게 두들겨 맞으며 깎아지른 절벽 위에 설치한 포대 진지까지 탄약과 무기, 식량 등을 나르는 강제노역에 투입되었다. 당시 이들과 함께 노역에 종사했던 현지 주민들의 생생한 증언에 따르면, 조선인들에 대한 처우가 너무나 가혹해서 현지 주민들이 이들을 동정하며 도시락과 담배를 나누어주기도 하고 마을 주민 대부분이 오노 대위의 잔인한 처사를 비난할 정도였다고 한다.

그 사이 소토바나리지마(外離島)에서 굶주림과 강제노동에 시달리던 승조원 6~7명이 사망했다. 6월경 오키나와 전투가 끝나면서 더 이상 진지 구축 공사를 할 필요가 없어지자 오노 대위는 이리오모테지마 남쪽에 사람이 살지 않는 해변인 가노가와(鹿川)에 나머지 생존자 10~11명을 끌어다 놓고 격리시켰다. 전쟁이 끝나감에 따라 자신들이 저지른 전쟁범죄 행위가 문제가 될 것을 두려워했기 때문이다.

당시 오노 부대에 소집되었던 한 현지 주민은 오노 대위와 호리(堀) 중위가 "나중에 문제가 될 수 있으니 죽이는 게 좋겠다"고 말하는 것을 목격했다고 한다.

가노가와에 격리되어 있는 동안 굶주림과 말라리아 때문에 6명이 아사 또는 병사했다. 패전 직후 오노 대위는 가노가와에 하사관을 파견해 생존자 4~5명을 아나도리(綱取) 마을로 데려와서 안동호가 좌초해 있는 우치바나리(內離島)로 옮겨다 놓았다. 여기에서 또 한 명이 사망했다. 그 후 나머지 생존자 3명을 다른 곳으로 보냈다고 한다.

전후 현지 주민들은 소토바나리, 가노가와에서 승조원들의 시신으로 추정되는 백골이 해안가 동굴 입구 등에 흩어져 있는 것을 발견해 수습했다고 한다.

그 밖에 오키나와 전투에서 일본군은 폭탄이 떨어지는 가운데 조선인에게 하역 작업과 무기 운반, 식량 조달을 시켰다. 식량 조달이 늦거나 운반 물자가 모자라면 조선인을 때리거나 굶기고 총검으로 학살하기 일쑤였다. 심지어 조선인을 총알받이로 내몰거나 폭탄을 들고 미군에 떠어들어 자폭하라고 강요하기도 했다. 미군에 투항하는 사람을 뒤에서 쏘아 죽이기까지 했다.

2

총알받이로도 모자라 자폭하라니

　강제동원되었던 조선인 가운데 미귀환자들은 대부분 탄광과 격전지에서 사망한 것으로 알려져 있는데, 이에 못지않게 많은 사람들이 이동 중 허무하게 병에 걸려 죽거나 굶어 죽고, 일본군의 학대와 학살을 당했다.

　수많은 조선인 군인·군무원, 노무자들은 오키나와와 남양군도, 동남아시아, 태평양 지역으로 이동하는 과정에서 수송선의 열악한 환경과 비인간적인 처우를 받으며 끔찍한 경험을 해야 했다. 짧게는 일주일에서 길게는 한 달 이상 걸리는 긴 항해 동안 이들은 배 아래층의 창고 속에 갇혀 지내는데, '동물도 싣지 못할 정도'로 좁아서 발과 다리에 피가 통하지 않을 정도였고 환기가 거의 되지 않아 '숨도 못 쉴 지경'이었으며 항상 땀에 푹 젖어 있었다고 한다. 무덥고 습한 열기 속에 식사는 하루에 겨우 주먹밥 하나와 우메보시(일본식 매실장아찌) 한 개였고, 화장실에 자주 가지 못하게 물도 제대로 마시지 못하게 했다고 한다. 이들은 긴 항해 동안 심한 뱃

정글 속을 행군하는 일본군

멀미와 배고픔, 더위와 갈증, 모기와 벼룩, 빈대와 이에 시달리느라 잠도 제대로 자지 못했다. 그러니 배에서 내리기도 전에 탈진해 사망하는 사람도 있었다.

항해 도중 선단이 연합군의 공격을 받아 침몰하는 바람에 희생된 경우도 적지 않다. 잠수함의 어뢰 공격과 전투기의 공습 폭격으로 수송선이 침몰해 수천여 명이 한꺼번에 몰사한 경우도 있다.

배에서 내려 열대 지방과 남방에 배치된 사람들은 하루도 빠짐없이 모기와 전염병, 굶주림과 사투를 벌여야 했다. 만성적인 식량 부족과 영양실조 속에서 말라리아, 콜레라, 장티푸스, 이질 등의 전염병에 걸리기 일쑤였고 약도 없다 보니 고열과 설사, 복통에 시달리다가 병사하는 경우가 많았다. 일본군이 실패한 대표적인 전투인 '임팔 전투'와 '부나-고나 전투'('코코다 트랙 전투') 등에서는, 실제 전투 중 사망한 사람보다 식량과 보급 없이 열대의 정글과 밀림, 산악 지대를 통과하는 동안 탈진과 전염병,

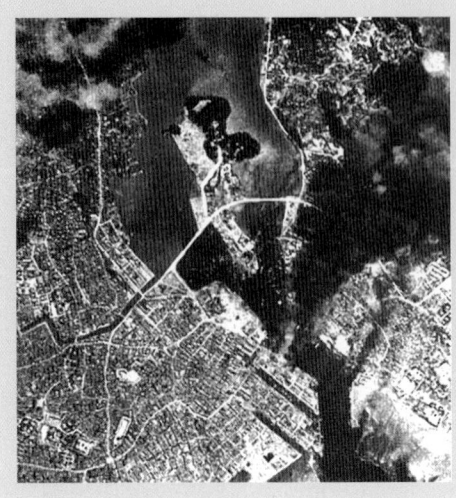

1944년 10월 10일 오키나와 나하 일대 대공습

굶주림 때문에 사망한 사람이 더 많았다. 물론 이 전투와 행군에도 어김없이 조선인들이 동원되었다.

열대와 남방의 격전지에서 탄약과 보급품을 실은 대형 수송선이 접안하면 바다 위에서 작은 배로 무기와 보급품을 옮겨 싣는 하역 작업에도 조선인들이 동원되었는데, 이때 갑자기 연합군의 공습과 폭격을 받기도 한다. 이 과정에서 조선인들은 육지로 대피할 겨를도 없이 바다 위에서 희생을 당해야 했다.

오키나와에서 희생된 조선인들의 사망 일자 가운데 같은 날 사망한 경우, 예를 들면 1944년 10월 10일의 나하(那覇), 1945년 3월 1일의 하라라(平良) 일대에 대한 대규모 공습 때 수백여 명의 조선인이 희생되었다. 비참하게도 해변과 항구, 시가지, 막사 주변에 흩어진 시신과 사지를 정리하는 작업 역시 조선인들의 몫이었다고 한다. 하라라 대공습 때 살아남은 서정복은 이렇게 기억한다.

> 3월 1일 오후 2~3시경 공습경보가 울렸다. … 공습이 시작되고 5분 만에 일본 배 다이켄마루와 토요자카마루가 침몰했다. … 조선인 군부들이 한 배에 150명씩 타고 있었다. 2척이니까 300명이다. 살아 돌아온 사람은 한 사람도 없었다. 전부 죽었다. 이것은 사실이다. … 표류해 떠밀려 온 시신이 69명이었다. … 우리가 시신을 해안에서 끌어올려서 화장을 했다.

연합군의 공습이 시작되면 일본군이고 조선인이고 민간인이고 할 것 없이 다들 해안가 땅굴이나 방공호에 뛰어 들어가 숨는데, 이때도 조선인들은 동굴 입구 쪽에 내몰려 있어야 했다. 비교적 안전한 동굴 안쪽에는 일본인들이 숨고 조선인들은 입구 쪽으로 밀려나야 했기 때문이다. 폭탄이 터질 때마다 입구 쪽에 있는 조선인들이 가장 먼저 피해를 입을 수밖에 없었다. 조선인들을 폭탄의 방패로 삼은 셈이다.

태평양과 남양군도의 여러 섬들, 그리고 오키나와에서 미군이 상륙하고 섬을 탈환하기 시작하면 일본군은 땅굴이나 정글에 숨어서 끝까지 저항했다. 미군은 생포한 일본인과 조선인을 이용해 동류들에게 투항하라고 소리를 치게 하거나 방송을 내보냈다. 며칠씩 땅굴과 참호 속에서 일본군과 함께 숨어 지내던 조선인이 항복하기 위해 땅굴 밖으로 나가면 뒤에서 일본군이 사살한 사례도 있다.

심지어 일본군은 오키나와 주민들과 조선인들에게 자폭하라고 강요했다. 도주하다가 궁지에 몰린 일본군은 동굴이나 땅굴 속에 오키나와

해안 동굴에 숨어 있는 일본군과 조선인, 주민들에게 투항하라고 외치는 모습

주민들과 조선인들을 모아놓고 수류탄 또는 폭탄 한두 발을 건네주며 미군에 항복하거나 붙잡혀 험한 꼴을 당하느니 깨끗하게 자결하라고 강요했다. 하지만 당장 자폭하라는 게 아니라 미군이 접근하면 폭탄을 터뜨려 미군과 함께 죽으라는 것이었다. 아예 조선인들에게는 미군의 진지에 접근해서 수류탄을 던지라고 명령하기도 했다. 말 그대로 총알받이였던 셈이다.

마지막 순간에 자폭하는 일본군도 적지 않았는데 이 와중에 영문도 모른 채 함께 폭사당한 조선인도 있다. 오키나와 전투에서 살아 돌아온 최천암의 증언에 따르면, '미야다'라는 분대장이 갑자기 수류탄의 안전핀을 뽑고는 "덴노헤이카 반자이(천황폐하 만세)"를 외치고 자폭하는 바람에 '미야다는 순간 가루가 되었고' 주변에 있던 사람들 3~4명이 함께 죽고 본인은 이마에 화상을 입고 목숨을 건질 수 있었다고 한다.

총알이 빗발치고 폭탄이 터지는 와중에도 일본군은 조선인들에게 마을에 내려가서 식량을 구해오라고 강요했다. 목숨을 걸고 가져온 식량은 모두 빼앗아 선심을 쓰듯이 배급을 하는데, 식량이 모자라거나 부족해지면 조선인들이 빼돌렸다면서 잔인하게 학살했다.

사지에 내몰린 일본군은 전투 막바지로 갈수록 광기를 드러냈다. 마을에 내려간 조선인들의 귀환이 늦어지거나 돌아오지 않는 사람이 하나 둘씩 늘어나자 일본군 장교들은 조선인의 탈영을 방지하고 남은 병사들에게 본보기를 보이기 위해 조선인을 학대했다. 일본군 장교는 커다란 구덩이를 파게 한 뒤 조선인 20~30명씩을 구덩이에 몰아넣고 보초를 세워 며칠씩 밖으로 나오지 못하게 했다. 그러다가 탈출하여 도망치면 추적하여 처형했다.

탈출하다가 붙잡힌 사람은 본보기로 잔혹하게 처형되었다. 일단 목검이나 몽둥이로 초주검이 되도록 두들겨 패고 며칠씩 굶긴 후 구덩이를 파게 한 뒤 총살하거나 일본도로 목을 베어 흙으로 덮어버리기도 했다.

일본군 장교들은 '조선인이 미군과 내통하여 스파이 짓을 하고 있다'며 조선인을 생매장하고, 총살하는 등의 만행을 저지르기도 했다. 일본군에는 미군에 투항하지 말라는 공포심을 조장하고 주민들에게 미군에 협조하지 말리는 본보기를 보여주기 위해 조선인 군부(군무원)들을 스파이 혐의로 처형하기도 했다.

전투에서 완전히 패배하고 전쟁이 끝난 뒤에도 일본인의 학살이 자행되었다. 1945년 8월 20일 오키나와 구메지마(久米島)의 수비대장인 가야마 다다시(鹿山正)는 주민들에게 미군에 협조하지 말라는 명령을 내리고 수십여 명의 주민들을 학살했는데, 이때 이곳에 정착해 살던 조선인 일가족

미군에 투항하거나 포로로 잡힌 일본군

7명에 대해 '어차피 조선놈들은 항일독립 지향적이기 때문에 이놈들도 장차 일본을 팔아먹을 것이다'라며 스파이 혐의로 어린아이들까지 모두 참살했다. 전후 오키나와 출신의 작가와 생존 주민들이 가야마의 만행을 폭로했지만 가야마는 부대를 지키기 위한 불가피한 조치였다고 강변했고, 그는 아무런 처벌도 받지 않았다. 이 사건은 '구메지마 주민 학살 사건'으로 알려져 있다.

3
인간폭탄이 되다

'가미카제(神風)'라는 것이 있다. 영화에서 연합군의 항공모함이나 구축함, 순양함 등의 군함으로 돌진해서 자폭하는 일본의 전투기들을 본 적이 있을 것이다.

이렇게 일본군은 처음부터 연합군의 함정이나 주요 시설에 자폭하는 것을 목적으로 특공부대를 편성했는데, 그중에서도 해군의 전투기를 이용한 자살특공대의 별칭이 가미카제 특공대였다. 가미카제는 '신의 바람'이라는 뜻인데, 원래 일본의 고대 신화에 등장하는 말이지만 13세기 후반 원나라가 두 차례에 걸쳐 일본을 침략한 적이 있다. 이때 갑자기 폭풍우와 태풍이 몰아쳐 원나라 군대가 혼비백산하여 도망갔다. 겨우 위기를 모면한 일본은 그야말로 '신의 바람', 즉 '가미카제'가 일본을 구했다고 기뻐했다.

이때의 가미카제를 자살특공대 이름에 붙인 것이다. 그런데 자살특공

신요(震洋)

가이텐(回天)

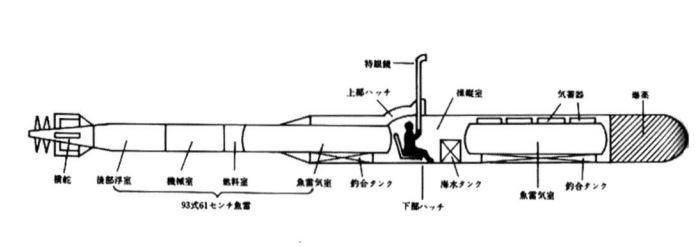

가이텐의 단면도

대는 가미카제만 있는 게 아니다. 신요(震洋), 마루레(マルレ), 가이텐(回天) 등 여러 형태의 자살특공대가 있다. 신요는 무게 약 1.5톤, 길이 약 5m 정도의 소형 보트인데 1명의 특공대원이 조정하며 배의 앞쪽에 250kg의 고성능 폭탄과 기뢰를 싣고 달려가 적 함선과 충돌해 자폭하는 것이다. 마루레는 운전자 뒤편에 폭탄을 싣고 적진에 돌진하는 자살 보트이다.

가이텐은 1명의 조종사만 탈 수 있는 소형 잠수정으로 앞부분에 폭탄을 장착하여 적 함정에 충돌해서 자폭하는 '인간어뢰'이다. 이것이 패배 직전의 일본군의 유일한 그리고 마지막 수단이었던 것이다.

자살특공대는 육군과 해군에서 모두 조직하고 운용했다. 해군의 경우 소년비행병 학교에서 대원들을 차출하기도 하고 해군특별지원병과 학도지원병에서 차출하기도 한다. 육군특별조종견습사 제도와 항공기승원양성소를 통해 조종사를 선발·교육하며, 이 중에서 가미카제 등 특공대원을 선발했다.

학도지원병 가운데 약 30% 가량이 자살특공대에 차출된 것으로 알려져 있다. 해군특별지원병과 학도지원병의 명칭에 '지원'이 있다고 해서 실제로 자원해서 군대에 간 것이 아니다. 일찍이 일제는 조선인을 징병하기 위해 오랜 기간 준비했는데 아직 병역법 개정과 호적 제도 등이 완비되지 않았기 때문에 우선 시범적으로 육군특별지원병제를 시작으로 일부 조선인 청년들을 군인으로 동원했다. 그리고 1943년 후반 해군특별지원병과 학도지원병제로 확대하고 마침내 1944년부터 전면 징병제를 실시하여 수십만 명의 조선 청년을 징집하게 된다. 전면 징병제 실시에 앞서 육군과 해군특별지원병제는 '지원'을 부추기거나 회유하는 방식이었다면 학도지원병제는 이전까지 입대를 연기해주었던 전문학교생과 대학생에게 갑자기 입대를 강제한 것이다. 당시 약 3천여 명의 학생들이 강제와 협박에 못 이겨 3개월 만에 입대했는데, 이는 전체 학생의 96%에 해당한다.

이렇게 해서 일제는 입대한 조선인과 일본의 젊은 청년들 중에 일부를 차출하여 비행사와 소형 보트 조종사 훈련을 시키고 자살특공대에 배치했다. 자살특공대에 차출할 때는 상관이 지켜보는 가운데 자살특공대에 들어가기를 '열망한다', '지망한다', '지망하지 않는다', 셋 중 하나를 선택하도록 했다 이때 '지망하지 않는다'를 선택했다가는 가족에게까지 피해가 미칠 수 있다는 두려움 때문에 마지못해 자살특공대에 '지망'할 수밖에 없었다.

이들은 반복되는 출격 훈련을 통해 '깨끗하게 죽는 것'이 천황의 은혜에 보답하는 길이라고 세뇌를 당했다. 돌아올 연료도 싣지 않은 채 오직 적진에 돌진해서 가급적 많은 적군을 죽이는 것이 목표였다.

전쟁 말기 오키나와의 여러 섬들에서 전투가 벌어질 때 마지막 수단으로 일본군은 해안가 동굴에 숨겨둔 수십 수백 척의 '신요'를 미군 함정까지 돌진시킬 계획이었다. 동굴에서 신요를 끌어내서 바다에 띄우려면 여러 명이 달라붙어서 보트를 운반해야 했다. 이때 동원된 사람들 역시 경북 지역에서 끌려온 '특설수상근무대' 소속 조선인 군부들이었다. 미군이 상륙하기 직전 먼 바다에서 함포 사격과 전투기의 공습이 한창인 가운데 일본군은 조선인 군부들에게 신요를 동굴에서 끌어내서 바다에 띄웠다가 다시 동굴 속으로 집어넣는 훈련을 반복적으로 시켰다. 이 과정에서 신요를 조정하는 특공대원 중에 조선인이 포함되어 있었는데, 조선인 특공대원과 신요를 이고 지고 나르는 조선인 군부들은 서로를 바라보며 죽음을 예감했다고 한다. 실제로 신요를 띄워 보내는 도중에 바다 위에 떨어지는 폭탄을 피하지 못하고 수많은 사람들이 한꺼번에 참변을 당해 바닷물이 시뻘겋게 물들었다고 한다.

이렇게 해서 수많은 조선인 청년들이 일제의 자살특공대원이 되어 돌아올 수 없는 출격을 강요받았다. 실제로 그들은 돌아오지 못했다.

IV
연합군의 포로가 되다

1
태평양, 동남아, 호주 지역의 포로수용소와 귀환

1945년 8월 15일 광복과 해방의 기쁨은 모두에게 똑같이 찾아오지 않았다. 일본을 포함해 태평양의 남양군도와 동남아 지역, 만주와 중국, 사할린 등 해외에서 해방을 맞이한 조선인 군인·군무원(군부), 노무자, 일본군'위안부' 등은 포로수용소로 보내지거나 현지에 억류되었다. 이들의 기나긴 귀향길은 또 다른 고행의 길이었다.

전쟁 기간 미군과 연합군은 남양군도의 마킨, 타라와, 트럭(현재의 '추크'), 사이판, 티니안섬, 그리고 인도차이나반도와 호주, 오키나와의 여러 곳을 점령하면서 현지에 포로수용소를 설치하고 생포한 일본군과 조선인, 타이완인 등을 수용했다.

남양군도는 일본의 최남단인 오가사하라제도 남쪽의 마리아나제도, 캐롤라인, 마셜제도 일대를 아우르는 광범위한 지역을 가리킨다.

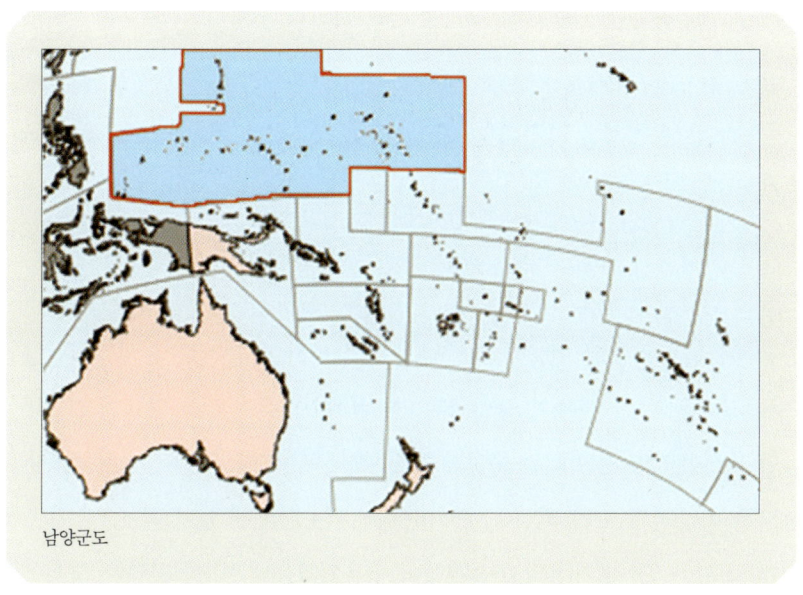
남양군도

　1942년 중후반 미드웨이 해전과 과달카날 해전에서 승기를 잡은 미군은 1943년 이후 태평양 일대에서 제공권과 제해권을 장악하기 시작해 1943년 말부터 길버트제도, 1944년 2월 마셜제도 등 태평양의 주요 전략 지역을 차례차례 탈환하며 일본군을 패퇴시켰다.
　그러자 일제는 부족한 병력을 메우기 위해 관동군과 조선군에서 차출한 병력을 태평양이 남양군도와 동남아 지역에 파견했다. 이때 조선이 청년들을 대상으로 선발한 육군과 해군의 특별지원병과 일반 징병 군인, 그리고 군무원(군부) 다수가 이들 부대에 포함되었고, 일찍이 조선총독부와 남양청의 합작에 의해 팔라우, 포나페, 티니안 등에 보내졌던 조선인 농업이민자들 중 남자들은 대부분 현지 일본군 사령관의 지시에 따라 노무자와 군무원으로 편입되었다.

1944년 중후반 미군이 이곳들을 모두 탈환함에 따라 일본군과 조선인은 모두 미군의 포로가 되고 만다.

　1945년에 전쟁이 막바지로 치달으면서 미군이 필리핀을 탈환하고 인도차이나에 연합군이 상륙하면서 이 지역을 점령하고 있던 일본군 수비대에 소속된 조선인 군인과 군무원, 그리고 포로감시원, 일본군'위안부' 등도 연합군의 포로가 되었다.

　1945년 3월부터 미군이 오키나와에 상륙하면서 전투가 시작되었고 6월경 거의 모든 전투가 끝날 무렵 오키나와의 여러 섬 지역에 파견되었던 조선인 학도지원병 등 군인과 특설수상근무대 등 군무원, 노무자들도 모두 미군의 포로가 되었다. 오키나와의 이곳저곳에 설치된 포로수용소에 약 4천~5천 명가량의 조선인들이 수용되었는데, 이 중 일부는 하와이 포로수용소로 이송되었다.

　일본이 항복하기 직전인 8월에야 선전포고를 한 소련은 만주와 연해주, 사할린 남부와 쿠릴 열도 지역을 점령해나간다. 이 과정에서 관동군 소속 군인·군무원들이 전쟁포로가 되었고 민간인들은 소련 군정 치하에서 억류되었다. 사할린에 체류 중이던 조선인 강제동원 피해자들과 민간인 수만 명의 귀환길도 막혀버렸다.

　일본이 항복한 직후 만주와 중국에 남아 있던 관동군 소속 군인·군무원들은 중국공산당과 국민당 정부에 항복하고 전쟁포로가 되어 억류 상태에 들어갔다.

　전투 중 일본군을 탈출했다가 연합군에 투항하거나 붙잡힌 경우, 오랫동안 동굴 속에 숨어 있다가 미군에게 투항하거나 발각된 경우, 살아남기 위해 자진해서 미군에 투항한 경우, 부대 전체가 항복해서 포로가 된

조선인들이 수용되었던 하와이 오눌리울리 포로수용소

경우 등 사연도 제각각이었지만, 미군과 연합군의 입장에서 보면 조선인 포로들은 심문하기 전까지 외관상 일본인과 전혀 구분할 수 없었기 때문에 일단 모두 일본군으로 간주되었다.

전투 현장에서 포로가 된 조선인들은 일단 현지 군부대 등의 감시를 받다가 주요 거점에 설치된 중간 규모의 포로수용소로 옮겨졌고, 몇 주 또는 몇 달 후에 하와이 등의 대규모 포로수용소로 옮겨졌다.

이 과정에서 조선인 포로들은 기본적인 신상 조사와 인터뷰를 거쳐 선별되었다. 일본인 또는 외국인이 아닌지, 신체에 이상이 없는지, 일본군에 동원된 경위가 어떤지, 일본군에 적극 협력했거나 전쟁범죄를 저지르지 않았는지, 스파이는 아닌지, 일본에 관한 중요한 정보를 갖고 있는지 등을 꼼꼼하게 심문했다.

2013년 충청일보가 입수한 「자유한인보」 3호와 회원 명부를 살펴보는 필자(오른쪽)와 정혜경 박사

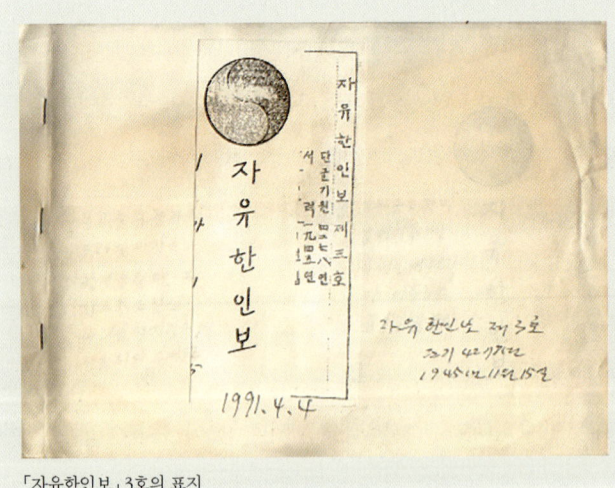

「자유한인보」 3호의 표지

오키나와의 임시 포로수용소

하와이 포로수용소의 경우 조선인뿐만 아니라 일본인, 오키나와인, 중국인, 만주인, 독일인, 이탈리아인 등 적성국 포로들도 수용되었다.

포로가 된 초기에는 일본군과 함께 수용되었다가 시간이 지날수록 조선인들은 일본군과 구별되어 별도의 텐트, 수용 구역 또는 캠프 등으로 분산 수용되었다.

조선인 포로들은 수용시설에서 충분한 식량과 피복, 생필품, 자유시간 등을 보장받으며 인도적인 처우를 받았다. 월 3달러의 수당을 받았고 청소와 세탁일 또는 임시 노동에 종사할 경우 하루 80센트의 수당을 받기도 했다.

일부 조선인 포로들은 수용소 내에서 자치조직을 만들어 〈자유조선인보〉라는 소식지를 발간하며 상호 단합과 정보를 공유하고 하와이 현지

동포들과 교류하기도 했다.

하지만 이들의 가장 큰 바람은 하루빨리 고향으로 돌아가는 것이었다. 비록 일제의 탄압과 강제노동에서 벗어나 배불리 먹고 더 이상 학대를 당하지 않는 처지가 되었다고는 하지만 하루빨리 집으로 돌아가서 그리운 부모형제 또는 자식들을 만나 자유롭게 살 수 있는 것만큼이야 하겠는가.

1945년 12월 15일 마침내 미군 중태평양사령부는 하와이 포로수용소의 조선인들을 귀환시키겠다고 발표했다. 12월 22일 2,614명의 조선인 포로들이 제1진으로 먼저 출발했다. 이들은 미군 함정을 타고 태평양을 건너 일본 요코하마를 거쳐 1946년 1월 7일 인천에 도착했다. 집을 떠난 지 몇 년 만에 그리고 해방이 되고서도 무려 6개월 만에 드디어 조국에 돌아온 것이었다.

그 사이 오키나와 포로수용소에 있던 약 1,500여 명의 조선인 포로들도 2월 말까지 몇 차례에 걸쳐 귀환했다.

105명으로 구성된 하와이 포로수용소 제2진은 1946년 8월 8일 인천에 도착했다. 해방된 지 무려 1년 만에 돌아온 셈이다. 오키나와에 있던 조선인 포로 중 나머지 1,755명도 1947년 말까지 모두 귀환했다. 해방 후 2년 넘게 걸린 기나긴 여정의 귀환이었다.

동남아 지역의 포로 송환은 미군의 선박이 새로 투입되기를 기다렸다가 1946년 3월부터 8월경에 이루어졌다. 이 무렵 동남아 일대에는 조선인을 포함하여 75만여 명에 달하는 일본군과 민간인이 남아 있었다. 호주군 산하의 포로수용소에 있던 약 150여 명의 조선인 포로와 그밖의 민간인들도 이 무렵 타이완을 거쳐 조선으로 귀환했다.

호주군이 관리하는 포로수용소에서 흥미로운 사건이 있었다. 1944년

8월 5일 뉴사우스웨일스주 카우라 포로수용소에 있는 약 1천여 명에 달하는 일본군 중 절반가량이 탈출하는 사건이 벌어졌는데, 이 사건으로 수백 명이 사망했다. 다행히 조선인 포로들은 한 사람도 가담하지 않아서 무사했는데, 사전에 박귀남이라는 조선인 포로가 일본군의 탈출 모의를 호주군에 알려주었다고 한다. 그는 1944년 초 뉴기니 해안가의 한 동굴에서 붙잡혀 카우라 수용소에 도착했는데, 일본군의 탈출 계획을 호주군에 미리 알려주어 한때 그가 일본군에 살해되었다는 소문도 돌았지만 결국 박귀남은 1946년 5월 호주를 떠나 무사히 한국으로 귀환했다고 한다.

한편 영국군이 점령하고 있던 말레이시아와 미얀마에는 1946년 말까지 8만여 명의 일본군이 남아 있었고, 이 중에는 조선인도 있었다. 하지만 전범으로 체포되지 않은 대부분의 조선인들은 민간인 신분으로 각자 뿔뿔이 흩어져서 배편으로 또는 중국을 거쳐 고국으로 귀환했다. 돈도 없이 바다와 대륙을 건너느라 온갖 일을 다 해야 했고 집에 도착했을 때는 거지꼴이어서 가족이 못 알아볼 정도였다고 한다.

이처럼 조선인들은 전쟁 중에 또는 전쟁이 끝난 뒤에도 비록 일제의 강압에서 벗어났지만 연합국 입장에서 볼 때 적성국 국민으로서 체포와 억류, 축출의 대상이었다. 수개월에서 수년에 걸쳐 포로수용소에서 신원 조사와 심문을 받아야 했고, 일부는 전범으로 몰려 기소되었다.

전쟁이 끝나고도 오랜 기간 동안 조선인들은 포로수용소에 갇혀 있어야 했고, 고향에 돌아오기까지 여러 차례 생사의 고비를 넘겨야 했다. 일제의 식민 지배와 전쟁이 끝났다고 해서 이들에게 진정한 광복과 자유는 즉시 오지 않았다.

소련과 중국에서 포로가 된 사례는 다음 장에서 설명할 것이다.

2
전범으로 기소되다

　강제동원 피해자인 것도 모자라 전쟁범죄자로 낙인찍혀 사형을 당하고 평생 전범의 굴레를 뒤집어쓰고 살아온 이들이 있다.
　전쟁 기간 중 일본은 미국·영국·호주·네덜란드 등 연합국의 병사 약 12만여 명을 포로로 사로잡았다. 이들을 수용하기 위해 일본은 점령지역인 동남아시아와 중국, 타이완은 물론이고 일본 본토와 조선에까지 포로수용소를 설치해야 했다. 문제는 연합군 포로를 감시할 병력과 인원이 부족하다는 것이었다. 전장이 확대될수록 전투에 투입할 병력이 부족해지면서 포로수용소에 배치할 인력이 달리자 일제는 조선인 청년을 포로감시원으로 동원했다.
　일제는 약 3,200명의 조선인 청년들을 포로감시원으로 선발하여 동남아시아를 비롯한 각 지역의 포로수용소에 배치했다.
　일본은 태평양전쟁 개전 직후인 1941년 12월 23일 칙령 제1182호 '포

포로감시원을 모집하는 기사, 『매일신보』 1942년 5월 23일(석간)

로수용소령'을 공포하고 각 지역 군사령관의 필요에 따라 해당 지역에 포로수용소를 설치하기 시작했다. 1942년 6월에는 조선과 타이완, 그리고 태국, 말레이시아, 필리핀, 자바, 보르네오 등에 대규모 포로수용소를 설치했다.

그리고 일제는 『매일신문』 1면에 포로를 감시할 인력을 뽑는다는 기사를 내보내 지원을 독려했다.

당시 항간에는 '곧 한 집에 한 명 이상은 징용 간다'는 소문이 돌았고, 조선총독부의 지시에 따라 군수와 지역의 경찰, 읍면 관리들은 지역별로 할당된 모집 인원을 채우기 위해 '어차피 징용 갈 바에야 50엔의 봉급도 받고 2년만 근무하고 돌아오면 된다'는 감언이설로 사람들을 부추겼다.

징병과 징용을 피해 20대 중후반의 조선인들이 대거 모집에 응했다. 이들은 부산에서 약 2개월간 군사훈련을 받은 뒤 이 가운데 3천여 명이 1942년 8월 19일 이후 부산항을 출발하여 동남아시아의 각 포로수용소로 분산 배치되었다. 일본군에 소속된 군무원의 신분이었다.

이들은 포로수용소에 배치된 직후 일본군 장교와 선임들로부터 포로들을 엄격하게 대할 것을 강요받았다. 상관에게 경례를 잘하지 않거나 포로에게 온정적인 태도를 보였다는 이유로 뺨을 얻어맞거나 구타를 당하기 일쑤였다. 그러다 보니 조선인 포로감시원들은 제일선에서 연합군 포로를 학대하는 위치에 서게 되었다.

수용소의 급식이 불량해서 연합군 포로들은 뼈만 앙상하게 남을 정도였는데, 나중에는 이들을 수용소 밖으로 끌고 나가 일본군의 비행장, 도로, 철교 공사에 투입하여 강제노동을 시켜야 했다. 이러한 공사는 열대 정글과 밀림 속에서 변변한 장비도 없이 포로들을 혹사시켜 진행한 것이다. 포로들은 뜨거운 태양 아래에서 굶주림과 강제노동에 시달려야 했고 말라리아와 콜레라, 각기병 등에 걸려도 약 한 번 쓰지 못하고 죽어나갔다.

태국과 미얀마를 연결하는 약 400km에 달하는 철도(泰緬철도)는 '죽음의 철도'라고 불릴 정도였다.

전쟁 말기 전세가 불리해진 일본군은 퇴각하는 과정에서 수천 명의 포로들에게 맨발로 정글 속을 걷게 했는데, 수천 명이 영양실조와 탈진으로 쓰러져 죽었다. 걷지 못하는 포로들은 총으로 사살하기도 했다. 필리

태국 타르소(Tarsau) 지역에서 발견된 호주와 네덜란드 연합군포로(1943)

핀 루손섬의 바타안, 말레이시아 산다칸 등에서 벌어진 '죽음의 행진'이 그런 사례이다. 당시 포로들의 사망률이 27%를 넘었다고 한다. 독일군에 붙잡힌 영·미 포로들의 사망률이 3.6%였고 소련군에 의해 시베리아에서 억류되었던 일본군 포로들의 사망률이 10% 정도였으니, 얼마나 끔찍했는지 가늠할 수 있다.

게다가 일본군은 전세가 불리해지자 연합군 포로뿐만 아니라 현지의 민간인과 연합국 시민들을 수만 명씩 억류하고 구금했는데, 못된 일본군 장교들은 네덜란드인 부녀자와 어린이 등 연합국의 민간인을 며칠 동안 굶기기도 했다. 이러한 일본군의 만행과 잔학 행위의 제일선에 조선인 포로감시원이 있었다.

전쟁이 끝난 후 지역의 관할권은 연합군에게 인도되었고, 일본군과 포로감시원들은 연합군에 의해 처리되었다.

포로수용소에서 구출된 연합군 포로와 일본군 점령 지역에서 감금되었던 수많은 민간인들은 한결같이 일본군의 잔혹한 행위를 비난하며 이들을 강력하게 처벌할 것을 연합군 당국에 요구했다. 특히 이들은 포로수용소의 제일선에서 자신들을 학대한 조선인 포로감시원들을 일본군으로 간주하며 처벌을 촉구했다.

그러자 연합군은 포츠담선언 제10항에서 '전쟁범죄자를 엄중하게 처벌한다'는 규정을 내세워 포로수용소 소속 일본군과 포로감시원들을 전쟁범죄자로 기소했다.

이로써 동남아 지역의 포로수용소에서 근무했던 조선인 포로감시원은 대부분 전범으로 체포되어 싱가포르 창이 형무소에 수감되었다.

제2차 세계대전이 끝난 후 열린 국제전범재판으로 뉘른베르크와 도쿄의 국제전범재판이 널리 알려져 있지만, 연합국 소속 국가들은 자국 군대가 점령한 약 50여 개의 지역에서 군사재판을 각각 주재하여 전쟁범죄자들을 단죄했다. 미국은 괌·상하이·마닐라에서, 영국은 싱가포르·쿠알라룸푸르·홍콩·버마 등에서, 호주는 라바울·싱가포르·웨와크 등에서, 네덜란드는 자카르타·폰티아낙·마카사르 등에서, 필리핀은 마닐라에서, 프랑스는 사이공에서, 중국은 한커우·베이징·난징에서, 소련은 하바롭스크 등에서 각각 군사재판을 열었다.

이런 식으로 여러 곳에서 군사재판이 열렸고 수많은 사건에 대해 일본군의 잔학한 전쟁범죄를 국제군사재판소 조례 및 극동국제군사재판 조례의 전쟁범죄 유형에서 규정한 A항, B항, C항 전범행위에 따라 단죄했다.

1946년 싱가포르 전범재판소의 개정 모습

    A항은 '평화에 대한 죄'로서 전쟁을 모의하거나 주도한 범죄를 다룬다. B항은 '보통의 전쟁범죄'를 다루고, C항은 '반인륜 범죄'에 해당하는 전쟁범죄를 다루는데, 포로에 대한 국제법 위반과 비인도적 학대 행위가 바로 B항과 C항에 해당하기 때문에 흔히 'BC급 전범'이라고 부른다.

    창이 형무소를 비롯해 여러 곳에서 'BC급 전범'으로 기소된 조선인은 모두 148명으로 이 가운데 129명이 포로감시원이었다.

    군사재판을 통해 이들 대부분은 최소 3년형에서부터 사형에 이르기까지 중형을 언도받았다. 일본군 장교와 상관들은 포로 학대의 책임을 조선인 포로감시원에게 떠넘겼다. 이 때문에 조선인 포로감시원들은 영문도 모른 채 중대 범죄자로 전락했다. 피해자들의 증언과 회고는 증거 이상의 힘을 가졌고 일본군은 발뺌하고 이를 입증할 증거와 방법은 사라져 버렸다. 조국은 해방되었지만 이역만리 형무소에 수감된 전범 피의자들을 신경 쓸 겨를이 없었다.

결국 수많은 조선인 청년들이 이역만리 형무소에서 제대로 된 항변과 변호의 기회를 갖지 못한 채 전범으로 기소되어 처벌받았다. 실형을 언도받은 포로감시원 중에 14명이 실제로 사형되었다.

이와 대조적으로 포로수용소의 일본군 상급자들은 관대한 처분을 받았다. 대표적으로 조선포로수용소 소장을 지낸 노구치 유즈(野口讓)는 22년형을 언도받았지만, 1952년 일본이 샌프란시스코 강화조약을 체결하면서 주권을 회복하자마자 곧바로 풀려났다. 이 무렵 창이 형무소를 비롯해 여기저기 흩어져 있던 전범 수감자들이 모두 일본의 스가모 형무소로 옮겨졌는데, 조선인 포로감시원들은 일본인들보다 더 오래 수감되었다.

이들 중에는 형기를 마치고 출소하여 고향으로 돌아온 사람도 있지만, 일부는 출소 후 낙담하여 자살하거나 화병으로 생을 마감한 사례가 속출했다.

1950년대 이후 출소하여 고향으로 돌아오지 못하고 일본에 정착한 포로감시원들은 동진회(同進會)라는 모임을 만들어 일본 정부에 자신들의 억울함을 호소하며 보상해달라는 탄원을 제기했다. 하지만 일본 정부는 전쟁 기간 중 이들의 행위는 일본의 책임이 아니라고 부정했으며, 전후에는 더 이상 일본 국민이 아니므로 자신들이 알 바 아니라고 거부했다.

그 후 동진회 회원들은 일본 정부를 상대로 법원에 소송을 제기했지만, 1999년 최고재판소로부터 '1965년 한일회담 체결로 문제가 해결되었

조선인 포로감시원(맨 왼쪽이 이학래)

동진회의 이학래 회장과 젊은 시절의 사진

81

기 때문에 일본 정부의 책임이 없다'는 판결을 받아 패소했다.

한편 2006년 동진회 회원과 유가족 등 약 80여 명은 한국 정부 국무총리 소속 일제강점하강제동원피해진상규명위원회(이하 '강제동원위원회')에 강제동원 피해자로 인정해달라는 신청을 제기했다. '강제동원위원회'는 비록 이들이 전범 판결을 받았지만, 당시 주변의 강권과 징병·징용을 피해 모집에 응했다는 점, 현지에서 일제에 의한 강제동원 상태에 있었다는 점 등을 고려하여 '강제동원 피해자'로 인정했다.

현재 동진회는 일본 국회에 명예회복에 관한 법률을 제정해달라는 운동을 전개하고 있지만, 그 사이 동진회 소속 회원들은 모두 사망하고 회장인 이학래(95세) 씨만 생존해 있는 상황이다.

V

사할린으로부터의 귀환

1
사할린에 고립되다

'러시아의 사할린에도 조선인들이 강제동원되었나요?'라고 궁금해하는 사람이 많다. 일제강점기 사할린은 러시아나 소련의 영토가 아니라 일본제국이 통치하던 곳이다. 1905년 러일전쟁에서 패배한 러시아는 전쟁 배상금 대신에 북위 50도 이남의 사할린 지역을 일본에 양도했다. 이때부터 일제는 남사할린 지역을 '가라후토(樺太)'라 부르며 통치했다. 조선에서는 '화태'로 불렸다.

초기 일제가 사할린을 탐냈던 이유는 홋카이도 바로 위쪽의 쿠릴열도의 거점 지역이자 군사 요충지로 생각했기 때문인데, 막상 넓은 영토와 툰드라 산림을 손에 넣게 되자 풍부한 어업과 임업 자원뿐만 아니라 양질의 석탄에 주목하였다. 게다가 사할린은 풍부한 산림과 수력을 이용한 펄프와 제지공업의 최적지였다.

그러나 엄청나게 추운 날씨와 폭설이라는 기후 환경과 노동력이 절대

남사할린의 위치

부족하다는 문제점이 있었다. 사할린은 북극에서 불어오는 겨울바람이 매섭고 눈이 내리면 집이 파묻힐 정도로 쌓여서 1년 중에 사람이 야외 활동을 할 수 있는 기간이 여름을 전후한 몇 달에 불과하다. 이처럼 혹독한 자연환경 때문에 자원이 풍부해도 사람이 거주하기 힘든 곳이라 노동력이 부족할 수밖에 없었다.

이에 일제는 사할린을 개발하기 위해 외부에서 노동력을 확보해야만 했다. 처음에는 중국인 노동자들이 들어와서 철도 공사와 제지공장, 탄광 등에서 일을 했는데, 점차 조선인이 늘어갔다.

원래 사할린에는 오래전부터 조선에서 건너간 어부들이 약간 있었고

1905년 이후에는 일제의 횡포를 피해 한반도를 떠난 조선인들이 정착하여 중국인 노동자들과 함께 광산과 공장 등에 취업하거나 어업에 종사했다. 초기 사할린 지역은 워낙 노동력이 부족하다 보니 공장과 각종 작업장에 쉽게 취업할 수 있었고, 일제의 간섭도 조선에서보다 심하지 않은 편이었다. 그래서 조선에서도 '일본놈들 꼴보기 싫고 먹고살기 힘드니 화태로 돈이나 벌러 간다'며 떠나는 사람들이 생겨났다.

그러다가 1937년 중국 침략전쟁을 시작한 일제는 1938년 국가총동원법을 제정하여 모든 자원과 인력, 자금을 통제하고 동원하는 정책을 강화했다. 이로 인해 사할린의 석탄, 인조석유, 나무, 펄프를 비롯한 모든 자원이 전쟁 수행에 가장 중요한 전략물자로 바뀌었다. 또한 홋카이도와 지척에 있는 사할린은 소련군의 남하와 베링해를 건너 쿠릴열도로 공격해올 수 있는 연합군을 저지해야 하는 최전방으로서 활주로 공사 등 방어태세를 서둘러야 했다.

이때부터 일제는 조선인의 모집과 취업, 알선 등을 국가총동원법과 관련 법령에 따라 통제하고 사실상 강제동원의 범주에 포함시켰다. 이 무렵 신문광고를 보고 또는 당국의 모집 알선과 소개 등을 받아 사할린으로 간 사람들도 사실상 강제동원에 포함된다고 할 수 있다. 왜냐하면 자발적인 응모와 소개를 받아 취업한 것으로 위장했지만 사실은 국가총동원법과 관련 법령 등에 의해 일제와 조선총독부가 관여하고 이를 조장했을 뿐만 아니라 그 내용도 허위와 거짓으로 가득 찼기 때문이다. 혹독한 환경과 고된 노동조건에 대해 미리 알려주지 않았을 뿐만 아니라 모집할 때 약속했던 보수도 거짓이었고 직장이나 작업장을 그만두거나 옮길 수도 없었다. 계약 기간이 만료되어도 다양한 방식으로 연장되거나 무시되

일제강점기 사할린의 벌목 노무자

기 일쑤였다.

1944년 가을 무렵에는 일본 본토의 광부가 부족하다며 사할린의 조선인 광부 약 3천여 명을 강제로 일본 전역의 탄광으로 끌고 갔다. 이른바 '전환배치'였다. 이들은 사할린의 가족들과 강제로 헤어져야만 했다. 중일전쟁 발발 전부터 온 가족이 사할린에 건너와 정착한 조선인도 있었고, 1943년부터 일제는 조선인 탄광 노동자의 생산성 증대를 위해 조선에 있던 가족들의 이주를 허용했다.

게다가 전쟁 말기에 일제는 약속했던 계약 기간이 만료된 노동자들에 대해서도 현 상태 그대로 징용이 적용되어 조선에 돌아갈 수 없다며 사실상 감금 상태로 노동을 강제했다.

사할린에서 조선인들이 주로 일했던 작업장은 2014년 말 '강제동원위원회'의 조사에 따르면 탄광산 38개소, 철도와 활주로 등 토목공사장 11개소, 제지공장에 소속된 펄프공장과 벌목장이 8개소로 모두 57개에 이르렀다. 현재 이들 작업장에서 강제노동을 당한 조선인 피해자는 '강제동원위원회' 추산으로 최대 3만 명에 이른다. 조선총독부 재무국이 작성한 통계에 따르면 1943년경 동원된 조선인 수가 1만 6,113명인데, 이는 조선에서 직접 동원해간 경우일 뿐이고, 현지에서 동원한 조선인, 그리고 알려진 탄광산과 공장 등 외에 벌목 작업장이나 고래잡이 어업 등에 동원된 조선인까지 포함하면 최소 3만 명 이상이 된다. 해방 직후 사할린 지역에는 약 4만 명의 조선인이 있었다는 주장도 있다.

이들 사할린의 조선인들은 일제가 패망한 직후에도 고향으로 돌아오지 못한 채 또다시 추운 겨울을 맞이해야 했다. 그런 상황이 무려 반세기나 더 지속될지는 아무도 예상하지 못했다.

2

억류와 학살, 길고 긴 영주귀국의 길

1945년 8월 15일 일본의 패망과 더불어 사할린에서 해방을 맞이한 한인들은 고향에 돌아갈 수 있다는 기쁨에 들떴지만 이들에게 닥쳐올 비극의 시간과 긴 세월은 그 누구도 예상하지 못했다. 평소 그들을 감시하고 탄압하던 일본인들은 각자 살길을 찾느라 아무도 한인을 거들떠보지 않았다.

그 사이 조선에서 끌려온 한인들과 달리 오랫동안 사할린에 정착해 살던 한인들은 이웃 주민이었던 일본인들에 의해 학살을 당하기도 했다. 가미시스카(上敷香, 현재의 레오니도보) 지역에서는 8월 15일 직후 소련군이 남하한다는 소식이 전해지자 일본 헌병대와 경찰이 몇몇 한인들을 경찰서에 감금했다. 그동안 일제 치하에서 억압을 당했으니 소련군이 내려오면 이들과 결탁할 가능성이 있다는 이유였다. 그러다가 17일과 18일 사이 일본 주민과 군경은 모두 마을을 비우고 탈출을 감행하는데 그전에 경찰

미즈호(현 포자르스코예) 학살 사건의 희생자들을 추도하는 추념비(오일환 촬영)

서에 갇혀 있던 한인들을 총살하고 불을 질렀다. 다음 날 아침 현장으로 돌아온 일본인들은 타지 않은 시체를 찾아 석탄 더미 위에 던져 완전히 태우는 등 잔학한 면모를 보였다.

　미즈호(瑞穂, 현재의 포자르스코예) 마을에서도 비슷한 학살이 벌어졌다. 8월 20일부터 이 지역 주민들은 소련군을 피해 마을을 비우고 퇴각하라는 지시를 받았는데, 퇴각 직전 일본인 재향군인회와 청년단 등은 한 마을에 살던 한인들을 소련군에 협조하는 스파이라는 이유로 나흘에 걸쳐 무려 27명이나 학살했다. 사실상 그 마을에 사는 한인을 모두 몰살한 것이다.

　한편 사할린의 거의 모든 탄광과 공장, 작업장에서 일본인들의 감시가 사라지고 조선으로 보내줄 기미도 없이 방치되다시피 한 한인들은 삼삼

오오 짝을 지어 사할린의 최남단에 있는 코르사코프 항구로 모여들었다. 배로 한나절이면 홋카이도까지 갈 수 있는 곳이다.

하지만 코르사코프와 홋카이도를 오가는 일본 선박들은 탈출하는 일본인들만 태워주고 한인들은 쫓아냈다. 이제 더 이상 일본 국민이 아니라는 이유였다. 밀항선을 타고 홋카이도로 탈출한 사람도 일부 있었지만 대부분의 한인들은 소련군의 점령하에서 또 다른 적국인과 억류자의 신분으로 전락했다. 사할린을 점령한 소련군은 사할린과 홋카이도 사이의 해협을 봉쇄하고 잔류 일본인과 한인들의 출항을 금지했다.

1946년 12월 연합군총사령부(GHQ)와 소련은 「소련 점령지구 송환에 관한 미소 간 협정」을 체결하여 남사할린과 쿠릴 지역에 남아 있던 일본인 약 26만여 명을 일본으로 돌려보냈다. 그러나 한인들은 제외되었다.

일본은 미군과 소련 간 협정을 체결할 때 사할린에 남겨진 한인에 대해서는 아무런 조치도 요구하지 않았다. 오히려 귀환 대상에서 한인을 제외시켜달라고 요구했다. 일본과 한반도를 점령한 미국 역시 사할린에 남겨진 한인 문제에 관심을 기울이지 않았다. 오히려 소련 치하에 있던 한인들이 한반도로 귀환할 경우 사회 안정을 해칠 수 있다고 보았다. 소련 역시 한인들의 출국에 무관심했으며, 오히려 한인들을 억류하여 노동력으로 활용하고자 했다. 또한 소련 당국은 한인들을 한반도로 보내야 한다면 남한이 아니라 북한으로 보내는 것을 상정하고 있었다.

그 사이 임시거주자 신분을 부여받은 한인들은 생계를 해결하기 위해 할 수 없이 이전에 작업하던 탄광이나 공장, 그리고 작업장으로 돌아가야만 했다. 이번에는 일본이 아니라 소련 당국이 관할하는 콤비나트 등의 집단 국영공장으로 이름이 바뀌었을 뿐이다. 이런 상황에서도 한인들은 조선학교를 세워 아이들을 가르치고, 향우회 등을 조직하여 고향 소식에 귀를 기울였다.

이런 가운데 한국전쟁이 발발하자 사할린에 남겨진 한인들의 귀환길은 완전히 막혀버렸다. 대부분 조선의 남쪽, 즉 한국이 고향인 사할린 한인들은 북한군을 지원하는 소련군 치하에서 숨죽이고 지낼 수밖에 없었다.

소련 당국은 이들에게 국적을 선택하도록 강요했다. '소련 국적', '북한 국적', '무국적자', 셋 중 하나만 선택할 수 있었다. '대한민국 국적'은 없었다. 생필품을 배급받고 통행증을 받기 위해, 그리고 아이들을 교육시키기 위해서는 소련이나 북한 국적을 취득해야만 했다. 그렇게 해서 오랫동안 이들은 소련 사람, 북한 사람, 또는 국적 없이 유령 같은 존재로 살아야만 했다.

소련 국적이든 북한 국적이든 차별이 없었던 것은 아니다. 러시아 말과 글에 익숙하지 않은 사할린 한인들은 과거 적성국인 일본의 국민이었거나 타도 대상인 미국 제국주의 치하의 남조선 출신이라는 딱지를 안고 끊임없는 감시와 견제를 받아야 했다. 같은 공산주의 형제 국가라는 미명 아래 소련과 북한의 관계가 좋을 때는 사할린의 풍부한 노동력이자 북한의 외화벌이 수단으로 이용되었고, 이따금씩 양국 관계가 악화될 때는 간첩으로 의심받거나 애물단지가 되었다.

그러다가 1956년 소련과 일본이 수교를 맺자 사할린에 남아 있던 마지막 일본인의 귀환이 이루어졌고 그 사이 일본 여성과 결혼한 한인 남편들의 귀환이 허용되었다. 일본으로 귀환한 이들을 통해 한국과 서신 왕래의 길이 열리자 수십 년에 걸친 귀환운동이 시작되었다.

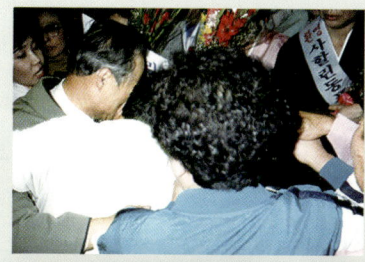

사할린 동포 모국 방문 입국과 환영행사(1989)

  그 사이 독한 술로 귀향하지 못한 한과 슬픔을 달래던 수많은 한인들이 하나둘씩 세상을 등지는가 하면, 귀환을 허락해달라며 끊임없이 소련 당국에 편지와 탄원서를 보냈던 도만상 씨와 같은 한인들은 북한과 소련 당국의 미움을 사는 바람에 북한으로 끌려가는 고초를 겪기도 했다.

  사할린과 일본의 한인들이 피땀 흘려 노력한 끝에 처음에는 극소수의 한인들만 일본으로의 출국을 허락받아 가족과 상봉할 수 있는 기회가 주어졌다. 그리고 마침내 1988년 서울 올림픽을 전후해 사할린 한인의 모국 방문단 사업이 개시되고, 1990년 한소 수교를 계기로 고향 방문이 성사되었다.

  이때부터 시작된 모국 방문과 영주 귀국사업을 통해 현재 약 4천여 명에 육박하는 영주귀환자들이 전국 20여 귀국자 단지에서 우리의 이웃으로 살아가고 있다.

하지만 반세기 만에 귀국한 사할린 한인들은 사할린에서 낳고 키운 2세, 3세 자식들과 손자들을 데려올 수 없다. 또다시 가족 분단의 삶을 살아야 하는 신세가 된 것이다.

게다가 이들은 한민족인 우리들의 편견 때문에 또 다른 상처를 입고 있다.

사할린 한인들을 공산주의에 물든 '빨갱이'로 오해하는 사람들이 있다. 반세기 가까이 소련 치하에서 살았으니 당연히 소련 국적을 가졌고 소련식 교육과 공산주의 이념에 물들었을 것이며 북한과 친했을 것이라는 편견이다. 또 어떤 사람들은 영주귀국한 사할린 한인들이 소련과 러시아에서 엄청난 차별을 받았기 때문에 가난하고 교육을 받지 못해 무식할 것이라는 편견을 갖고 있다.

비록 차별은 있었지만 특유의 근면과 성실성, 그리고 강인한 생활력을 지닌 한인들은 사할린에서 각자 자신들만의 터전과 기반을 일구어냈고 2세, 3세 후손들을 훌륭하게 키워냈다. 적지 않은 동포들이 사할린 사회에서 능력 있는 농업인, 기술자, 사업가, 공무원, 의사, 교원, 예술가 등으로 인정받고 있다. 사할린에서 일궈온 기반을 포기하고 떠나는 것 역시 쉬운 일은 아니었을 것이다.

따라서 무조건 불쌍한 사람들이라는 시선도 오해이며, 그래서 대한민국이 이만큼 해준 것도 고마운 줄 알고 살아야 한다며 무시하는 것도 오만이자 횡포이다.

사할린 한인들은 일제에 의해 강제노동과 학살을 당했다. 그들은 소련에 억류되어 무려 반세기 넘는 세월을 견디며 이쪽과 저쪽의 경계선 위에 서 있는 삶을 강요당했다.

일제의 강제동원은 단순히 노동력을 착취한 것에서 끝나지 않고, 70년이 넘는 세월의 억류와 차별, 또 다른 가족 분단을 계속 양산해내고 있는 비극이다.

사할린 한인의 귀환은 아직도 끝나지 않았고, 희생자와 가족들의 고통은 여전히 계속되고 있다.

3
힘겨운 일본 귀환과 정착

사할린에 억류된 한인들 가운데는 일찍이 일본으로 귀환하여 정착한 이들이 있다.

1945년 8월 일본이 패망하자 사할린에 있던 일본인들은 남하하는 소련군을 피해 부랴부랴 일본으로 탈출했다. 이 과정에서 서로 다른 지역에 떨어져 있던 일본인 가족들끼리 연락이 닿지 않아 수많은 이산가족이 생겨났다. 예를 들면, 부모와 다른 형제자매는 급히 배를 타고 홋카이도로 건너갔는데, 다른 곳에 있던 어린 여자아이들은 사할린에 남겨진 경우가 종종 있었다. 당시 소련군은 점령 지역에서 횡포가 심했다. 이런 상황에서 어리거나 젊은 여성이 혼자 힘으로 살아남기는 힘들었다. 그러다 보니 자연스럽게 한인 남자와 일본인 여성 간의 연애와 결혼, 그리고 중혼(重婚)이 드물지 않았다. 외롭고 힘든 처지의 남녀들이 서로 의지했다. 중혼이란 사할린에 오기 전에 고향에서 이미 혼인을 한 남자가 사할린에서 두 번

1958년 9월 하쿠산마루(白山丸)가 사할린 홈스크에서 일본인과 한인 남편을 태우고 일본 니가타 항으로 입항하는 모습

째 아내를 맞이한 것을 말한다. 고향으로 돌아 갈 가능성이 없다고 체념했기 때문이다. 사할린에 억류된 특수한 환경 때문에 발생한 일이다.

그 후 미군과 소련이 협정을 맺어 1948년까지 일본인 약 26만여 명이 본국으로 돌아갔지만, 돌아가도 반겨줄 가족이나 터전이 마땅치 않은 일본인들과, 한인 남편을 둔 여성들은 사할린에 남기로 했다. 그러다가 한국전쟁이 발발하면서 이들은 한국으로도 일본으로도 갈 수 없는 처지가 된 것이다.

한동안 귀환의 희망이 사라진 듯했는데, 1956년 10월에 변화가 생겼다. 소련과 일본의 국교가 재개된 것이다. 평화조약은 아니었지만 일단 정상 간 공동선언을 통해 국교를 재개했다. 어쨌든 소련과 일본의 국교 재개로 인해 다시 한 번 사할린 지역에 남아 있던 일본인의 귀환이 가능해졌다. 그러나 일본 정부는 여전히 사할린 한인의 귀환 문제는 무시한 채 일본인 여성과 결혼한 한인 남편들에 대해서만 일본 상륙을 허용했다. 이로써 1957년 8월부터 1959년 9월까지 7회에 걸쳐 일본인 700여 명을 따라서 한인 남편과 그들의 자녀 1,541명이 일본으로 귀환했다. 이후 사할린의 한인들이 집단으로 사할린을 떠날 수 있게 된 것은 1990년 한국과 소련이 수교를 맺은 뒤였다. 무려 30여 년의 세월을 더 기다려야 했던 것이다.

일본으로 귀환한 한인들은 또 다른 이방인으로 살면서 고군분투하는 한편, 사할린에 남겨진 동료 한인들의 귀환을 위해 마중물이 되는 데 앞장서기도 했다.

1958년 일본인 처자식들과 함께 일본으로 귀환한 박노학과 이희팔 등은 '화태억류귀환한국인회'(최종적으로 '사할린귀환재일한국인회', 이하 '한국인회')라는 모임을 만들어 사할린 한인 귀환운동을 펼쳤다. 박노학은 청주에서 결혼하여 자식이 세 명이나 있었는데 사할린에 가면 하루에 7엔을 받을 수 있다는 말에 속아 혼자 사할린으로 건너갔다. 그곳 탄광에서 강제노동을 하다가 해방 이후에 억류생활을 할 수밖에 없는 처지였다. 그는 고향으로 돌아갈 가능성이 희박해지자 일본인 여성과 결혼했다. 슬하에 3남매가 태어났다. 그러다가 1958년 일본인 아내 덕분에 자식들과 함께 사할린을 떠나 도쿄에 정착했다. 일본으로 가는 배에서 박노학은 이희팔 등의 동료들과 함께 '한국인회'를 조직하여 1988년 타계할 때까지 평생 동안 사할린에 남겨진 동료들의 귀환에 헌신하였다.

1957년 일본인 처(和子)의 배우자로서 일본으로 귀환한 직후의 박노학 씨 일가
(『凍として日本人の生き方』, 179)

박노학의 다섯 가족은 조그만 단칸방에 기거하며 막노동과 가내수공업, 그리고 잡화점을 운영하며 생계를 이어갔다. 사할린에서 함께 온 동료들은 이곳에서 모임을 갖고 십시일반 회비를 모아 사할린 한인의 귀환을 해결해달라는 진정서와 탄원서 등을 작성하여 일본과 한국의 정부기관과 정치인, 그리고 국제적십자위원회, 심지어 소련 당국에까지 보내는 운동을 펼쳤다. 박노학 등은 이들 정부기관과 주요 정치인들을 직접 찾아가서 설명하고 호소하기를 그치지 않았다.

이 무렵 한국과 소련은 국교는커녕, 서로 비난하는 적대적 관계였다. 한국은 소련에 대해 북한을 배후조정하여 전쟁을 일으킨 원수라고 여겼고, 소련은 한국을 미국 제국주의의 앞잡이라며 비난했다. 한국과 일본은 1965년 국교가 정상화되기 전까지 소통이 원활하지 않았고, 그 이전

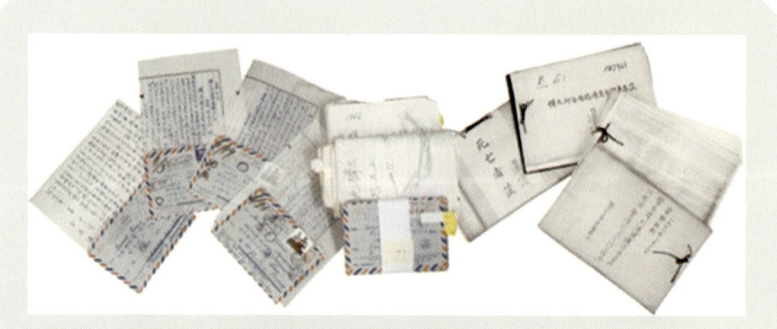
사할린에서 박노학에게 보내 온 편지와 이를 바탕으로 작성한 명부들

이나 이후에도 우리 정부는 사할린 한인 문제의 책임은 일본에 있다고 주장하고, 일본 정부는 사할린 한인은 일본의 책임이 아니며 한국 정부와 소련이 알아서 할 일이라며 서로 책임을 떠넘기곤 했다.

그러다 보니 사할린 한인의 귀환 문제의 해결은 고사하고 고향의 가족들과 편지 한 장 주고받기도 쉽지 않았다. 이런 가운데 1965년 사할린 당국이 '일본이 입국을 허가하면 무국적인 사할린 한인은 일본에 돌아갈 수 있다'고 암시했다는 소식이 사할린 한인들에게 알려졌다. 이때부터 일본에 있는 박노학에게 귀환을 희망하는 사할린 한인들의 편지가 속속 날아들었다. 사할린에서 박노학을 직접 알았던 사람들뿐만 아니라 모르는 사람들도 박노학에게 편지를 보내기 시작했는데 그 수가 수천 명에 달했다.

이때부터 박노학은 사할린에서 온 편지들을 모아서 한국에 있는 큰아들 박창규에게 보내서 각 사람의 고향에 다시 보내도록 했다. 그리고 고향의 가족들이 보내온 답장은 아들 박창규와 박노학을 통해 다시 사할

박노학 명부의 수록 인원(1967년 작성 기준)

구분	세대	인원(명)
한국 영주 희망자	1,410	5,348
일본 영주 희망자	334	1,576
합 계	1,744	6,924

린에 보내졌다. 나중에는 사할린 한인의 국내 유가족들의 모임인 '화태억류교포귀환촉진회'(현재의 '중소이산가족회')를 통해 더 많은 편지가 오갔다.

냉전시대에 박노학과 '한국인회' 그리고 '중소이산가족회'는 사할린 한인들과 국내 유가족들의 우편배달부가 되었다.

그리고 박노학은 사할린에서 오는 편지들을 정리하여 명부를 작성했다. 이른바 '박노학 명부'이다. 1967년경에 취합된 명부에 따르면 그 숫자가 무려 7천 명에 달했고, 그 이후에도 계속 증보가 이루어졌다.

이 명부는 외부세계에 사할린 한인들의 실체를 증명하는 최초의 증거이자 한국·일본·소련 정부를 압박하는 촉매가 되었고, 나중에 사할린 한인의 일시방문과 영주귀국 사업을 전개할 때 사실확인과 우선순위를 정하는 기준이 되었다.

박노학과 '한국인회'의 활동은 일본 시민사회에도 영향을 미쳤다. 몇몇 시민활동가와 양심 있는 변호사 등이 박노학과 '한국인회'의 운동에 공감하여 1975년부터 '화태잔류자귀환청구소송', 소위 '사할린재판'을 시작했다. 사할린 한인 4명을 원고로 내세워 일본 국가를 상대로 소송을 제기한 것이다. 1989년까지 계속된 '사할린재판'은 원고들이 모두 사망함으로써 최종 판결에 이르지 못하고 종료되고 말았지만, 64회에 걸친 구두변론과 재판 과정을 통해 일본 사회는 물론 한국과 국제사회에 사할린 한인의 존재와 귀환의 시급성을 널리 알리는 계기가 되었다.

그리고 마침내 1983년 평소 박노학의 운동에 공감했던 공명당의 부대표인 구사가와 쇼조(草川昭三) 의원이 일본인 사할린 성묘단을 이끌고 사할린을 방문했다. 이때 사할린의 공산당 제1서기를 만나서 사할린 한인의 '일본 일시방문'을 제안하여 어렵게 합의를 이끌어냈다. 구사가와 의원은 귀국하자마자 박노학을 만나 이후 실무작업을 협의하여 초청자를 선별하고 일본 정부를 움직였다. 이로써 1984년 9월에 마침내 사할린 한인 10명이 일본에 입국하여 한국에서 온 가족들과 재회할 수 있었다. 전후 최초의 출국 허가이자 향후 '일시 모국방문'과 '영주귀국'의 가능성을 열어준 획기적인 성과라고 할 수 있다. 이듬해인 1985년부터는 박노학의 아내 호리에 가즈코가 초청인이 되어 '일시 일본 방문 및 가족상봉'이 활발하게 이루어졌다. 이 과정에서 박노학은 사할린 한인들이 도착하는 니가타 공항에 마중을 나가 이들을 신칸센으로 도쿄까지 데려와서는 자신의 집에서 지내게 했다. 심지어 한국에서 오는 가족들도 박노학의 좁은 집에서 함께 지냈다고 한다.

그리고 1980년대 중반 박노학과 '한국인회', 그리고 일본 시민활동가들은 일본 정치인들을 움직였다. 이들은 일본의 여야 국회의원들을 설득하여 '사할린 잔류 한국·조선인 문제 의원간담회'(이하 '의원간담회')를 조직하였다. 의원간담회에는 여당인 자민당의 거물급 정치인들이 참여했을 뿐만 아니라 소련, 북한과도 연계되는 사회당, 공산당 의원들이 두루 참여한다. 이들은 일본 정부에 사할린 한인 문제 해결을 위한 방안을 촉구하고, 지원 예산을 마련하고, 한국의 국회의원들과 교류하며 한일 정부 간 협력을 강화하고, 심지어 의원간담회가 직접 1988년 6월 소련을 방문하

박노학 동상 제막식에서 답사하는 고인의 장남 박창규(2013년 안산시 고향마을)

여 사할린 한인의 '일시 일본 방문 중 한국 방문'('일본 경유 일시 모국 방문')이 가능하도록 하고, 북한과의 물밑 교섭을 통해 적극적인 반대를 상쇄함으로써 귀환운동에 커다란 전기를 마련했다.

이런 일련의 노력 끝에 소련은 1988년 말 사할린 한인들에게 일시 한국 방문을 허가하고, 일본 정부 역시 사할린 한인의 일본 영주를 허가하게 되었다. 그리고 마침내 1990년부터 한·소 수교를 통해 사할린 한인들의 모국 방문과 영주귀국 사업이 본격적으로 추진되기에 이르렀다.

사할린에 끌려가서 강제노동을 하고 해방 후에는 억류되었다가 또다시 일본에서 이방인으로 살아가면서도 사할린에 남겨진 동포들의 귀환을 위해 평생을 헌신한 삶은 누가 책임지고 기억해야 할까?

4
사할린에 남겨진 한인 묘

　해방 직후 사할린의 한인들은 고향으로 돌아갈 기대에 부풀었지만 일본에게 버림받고 소련의 억압적 감시와 통제 속에 조국마저 분단되고 냉전의 분위기가 심화되자 혹독한 노동의 후유증과 외로움, 분노와 좌절을 술로 달래느라 하나둘씩 세상을 등졌다. 초기에는 동료들이 묘를 만들고 묘비를 세우고 성묘도 하면서 그들을 기억해주었지만, 시간이 흐를수록 이들마저 세상을 떠나면서 한인들 묘는 아무도 돌보지 못하는 상황이 되었다. 이제 사할린 한인 1세대의 묘는 오랜 세월을 이기지 못해 무너지고 묘비에 새겨진 글자들도 알아볼 수 없는 지경이다.

　1990년 한·소 수교 이후 사할린 한인의 모국 방문과 영주귀국 사업이 추진되었고 이제 언제든 국내 유족의 사할린 방문과 희생자 묘지 참배가 가능해졌지만, 국내 유족들의 대부분은 희생자의 묘지를 찾지 못하거나 찾더라도 묘지를 발굴·화장하여 국내로 반입하는 것이 쉽지 않다.

사할린 곳곳에 남아있는 한인들의 묘비

필자가 사할린 문서기록보존소에서
일제가 남긴 사할린 한인 기록을
조사하는 모습

 이에 '강제동원위원회'가 2005년부터 사할린 한인 강제동원에 관한 진상조사와 피해조사에 나섰고, 사할린 한인들의 묘지 조사, 사할린 한인 관련 기록물과 자료의 수집, 그리고 묘지 발굴과 봉환 사업에 착수했다.
 2011년부터 5개년 계획으로 추진된 사할린 한인 공동묘지 조사를 통해 남사할린 전역에 걸쳐 총 67개소의 공동묘지에 1만 5,110기의 한인묘(확정묘 1만 1,705기/추정묘 3,405기)가 있다는 사실이 확인되었다.

사할린 한인 묘지 검색 DB(과거사업무지원단 홈페이지)

'강제동원위원회'는 확인된 사할린 한인 묘지 정보를 토대로 사망자의 신원과 유족 확인 작업을 진행하는 동시에, 사할린 한인 관련 기록물의 입수 문제와, 유족이 확인되고 유족이 희망하는 사할린 한인 묘지를 발굴하여 국내로 봉환하는 문제를 러시아 정부와 협의했다.

그 결과 2013년 사할린 한인 묘지의 시범 발굴과 봉환이 합의되었는데, 이는 전후 최초의 성과이다.

한·러 정부 간 사할린 한인 유골 봉환 사업의 내역

차수	일시	유골 수
1차	2013. 8. 30.	1
2차	2014. 8. 29.	18
3차	2015. 9. 11.	13
4차	2016. 9. 22.	11
5차	2017. 9. 15.	12
6차	2018. 9. 14.	16
7차	2019. 10. 7.	14
합계		85

이로써 2013년 8월 유홍준의 묘지를 시범적으로 발굴하여 국내로 봉환하는 사업이 추진되었다. 이후 해마다 조금씩이나마 사할린 한인의 유골이 국내로 봉환되고 있다.

VI

머나먼 곳
낯선 땅에 묻힌 채

1

시베리아 삭풍을 견디며

    1945년 8월 8일 스탈린은 일본에 선전포고를 하고 소련군에게 남하를 지시한다. 원래 소련과 일본은 1941년 불가침을 약속한 중립조약을 체결한 상태였다. 1945년 5월 독일을 상대로 승리한 소련의 스탈린은 미국의 강력한 대일 참전 요청에도 시간을 끌며 망설였다. 연합국으로부터 무조건 항복하라는 최후통첩을 받고서도 끝까지 버티고 있던 일본이 믿었던 한 가지는 희망은 소련과의 중립조약이었다. 태평양과 동남아시아, 오키나와의 해전에서는 비록 패배했지만 소련이 참전하지 않는다면 중국과 만주, 조선에 흩어져 있는 육군 병력을 본토로 끌어모아 끝까지 항전할 수 있다는 것이 일본의 노림수였다.

    이를 위해 일본은 소련의 불가침 확답을 받아내기 위해 소련과 비밀회담을 추진하며 끝까지 매달렸다. 하지만 8월 6일 히로시마에 원자폭탄이 떨어지고 일본의 패망이 확실해지자 비로소 스탈린은 일본에 대해 선전포고를 하고 부랴부랴 남하를 개시했던 것이다.

이로써 만주와 연해주, 사할린, 쿠릴, 그리고 38도선 이북의 한반도가 소련군의 점령 지구에 포함되고, 이후 소련군이 일본군의 항복을 받아내고 무장해제를 실시했다.

이 과정에서 관동군과 조선군에 소속된 조선인 군인·군무원, 그리고 노무자와 민간인은 모두 소련군의 지시를 받게 되었다. 8월 15일 직후 소련군이 남하하기 직전에 현지에서 바로 부대를 떠난 조선인들도 있었고, 해방되었다는 소식을 듣고 자발적으로 부대를 이탈한 경우도 있었다. 또한 소련군이 진주한 다음 일본군 부대 전체가 무장해제를 당하여 곧바로 평양, 함흥, 흥남, 부령, 고무산, 중국의 연길, 봉천 등의 포로수용소에 수용되었다가 소련군이 조선인들만 따로 석방시킨 경우도 있었다. 심지어 느슨한 감시를 틈타 집단으로 포로수용소를 탈출한 사례도 있었다.

그러나 불행하게도 일본군 포로들을 시베리아로 이송하여 전쟁복구 노역에 동원하라는 스탈린의 명령에 따라 시베리아와 중앙아시아의 먼 곳까지 끌려간 조선인 포로들도 적지 않았다. 일본 측의 주장에 따르면 소련군의 포로가 되어 시베리아로 끌려간 사람들이 무려 60만여 명이었고 이 가운데 약 10%에 달하는 5만 8천여 명이 추위와 굶주림, 질병 그리고 강제노역으로 인해 사망했다고 한다.

시베리아 지역은 한겨울에 영하 50~60도까지 내려가는 동토의 땅이다. 중앙아시아는 지금의 카자흐스탄, 우즈베키스탄 등을 가리킨다. 지도에서 찾아보면 엄청나게 멀리 떨어진 곳이라는 것을 알 수 있다. 이렇게 춥고 먼 곳까지 조선인 포로들이 끌려간 것이다. 이동할 때는 화물열차 칸에 콩나물시루처럼 갇혀 있었는데 물 한 모금, 빵 한 조각 없이 며칠

조선인과 일본군이 끌려간 시베리아와 중앙아시아 지역의 포로수용소(붉은점 표시된 곳)

씩 지내기도 했다고 한다.

　시베리아와 중앙아시아의 여러 포로수용소에 분산 수용된 조선인 포로들은 동토의 땅에서 열악한 음식과 매서운 추위를 견디며 또다시 강제 노역에 동원되었다. 하루 식사는 흘레프(검은 빵) 200~300그램, 설탕 약간, 죽 한 그릇이 전부였고 이마저도 없는 날이 많았다.

　강제노역은 지역마다 천차만별이었는데, 벌목 작업, 감자 파기, 시멘트 하역 작업, 제분소 작업, 건축 및 토목공사, 탄광 작업 등 중노동이었다. 소련군은 포로들에게 채찍을 휘두르고 발길질을 하고 매질도 서슴지 않았다.

　옷 한 벌로 겨울을 나야 했고, 빈대·이·모기·쥐 등의 해충 때문에 잠을 잘 수 없을 지경이었다. 아파도 제대로 된 약이 없었다. 배고픔과 추위, 중노동과 질병을 견디다 못해 많은 사람이 죽어나갔고 이들은 이국 땅에 묻혔다.

이렇게 시베리아로 끌려간 조선인 포로들의 숫자는 정확하게 알 수 없다. 1948년 중반부터 조금씩 일본군의 석방이 이루어지면서 조선인 포로들도 풀려나기 시작했다.

조선인들의 집단적 귀환은 그해 말부터 1949년 초에 걸쳐 이루어졌다. 1949년 초 소련군이 한반도에서 철수하면서 시베리아에 억류되어 있던 조선인 포로들도 마침내 귀환길에 오르게 된다. 해방된 지 4년 만이었다.

시베리아에서 연해주 하바롭스크에 집결한 조선인 포로 약 2,200여 명은 소련의 배를 타고 북한 흥남항에 도착하여 뿔뿔이 고향으로 흩어졌다. 북쪽이 고향인 사람들은 무사히 집으로 돌아갔지만 남쪽이 고향인 약 500여 명의 무리들은 북한 당국의 감시를 피해 38선을 넘어 남하했다. 이 과정에서 인민군으로 오해를 받아 한국군으로부터 총격을 받기도 했다.

"손들어, 누구냐?"

"쏘지 마시오. 우리는 일본군에 끌려갔다가 소련에서 포로생활을 하고 이제 풀려나 집으로 돌아가는 길이오."

이들은 경찰서에서 며칠 동안 조사를 받은 후 인천의 전재민수용소에 있다가 두 달 가까이 조사와 심문을 받은 후에야 겨우 풀려났다.

풀려난 뒤에도 혹시 북한에서 온 간첩이 아닐까 라는 의심의 눈초리를 받아야 했고 한국전쟁 이후 수십 년 동안 군경과 정보기관으로부터 감시를 받았다.

1990년 소련과 한국이 수교를 맺은 이후 그때까지 생존해 있던 시베리아 포로 출신 피해자 6명이 '삭풍회'라는 모임을 만들어 자신들의 억울한 사연을 주변에 알리고 일본 정부에 피해 보상을 요구하는 소송을 벌이기 시작했다. 하지만 일본의 최고재판소는 1965년 한일회담 체결로 일본의 전쟁 책임 문제는 이미 해결되었다며 이들의 요구를 기각했다.

그 후 삭풍회 모임도 해체되고 회원들도 하나둘 세상을 떠났다.

오래전부터 일본 정부는 러시아 정부와 협의하여 시베리아 지역의 포로수용소 터와 인근 공동묘지 등에 묻혀 있는 일본군의 유해를 발굴하여 봉환하는 작업을 추진하고 있다. 일본 정부는 이 과정에서 발견된 일부 조선인 유골에 관한 정보를 우리 정부에 알려주기도 했지만, 신상정보가 일본식 창씨명을 러시아 말로 옮겨 적은 경우 정확한 신원을 파악하기 어렵다. 하지만 조선인 사망자라는 것은 확실하기 때문에 언젠가 우리 정부도 시베리아와 중앙아시아 곳곳에 묻혀 있는 조선인 강제동원 피해자들의 유해를 수습해야 할 것이다.

2
하이난섬의 천인갱, 만인갱

　홍콩과 마카오의 남쪽에 하이난섬이 있다. 일제강점기에는 해남도(海南島)라고 불렀다. 하이난섬은 원래 고대부터 리족, 먀오족, 좡족 등 중국 소수민족이 거주하던 곳인데, 1939년 일본군이 이곳을 점령한 이후 전략적 거점이 되었다. 이곳에는 일본 해군 해남경비부의 제16경비대 등이 주둔하고 있었는데 이 부대에 조선인 군무원도 동원되었다.

　일제는 이곳을 군사기지로 만들기 위해 섬의 자원들을 약탈하고 주민들을 학대했다. 특히 일제는 하이난섬에서 군사물자로서 중요한 철광석을 채굴하고 약탈하는 데 혈안이었다. 하이난섬 서부 지역에 석록(石碌)광산과 전독(田獨)광산의 철광석을 약탈하기 위해서는 더 많은 광부가 필요했다.

　이에 부족한 노동력을 보충하기 위해 수많은 조선인, 오키나와인, 타이완인, 중국인들을 데려와 강제노동에 투입했다.

　특히 일제는 1943년 3월 조선, 평양, 경성 등 전국의 각 형무소에 수감

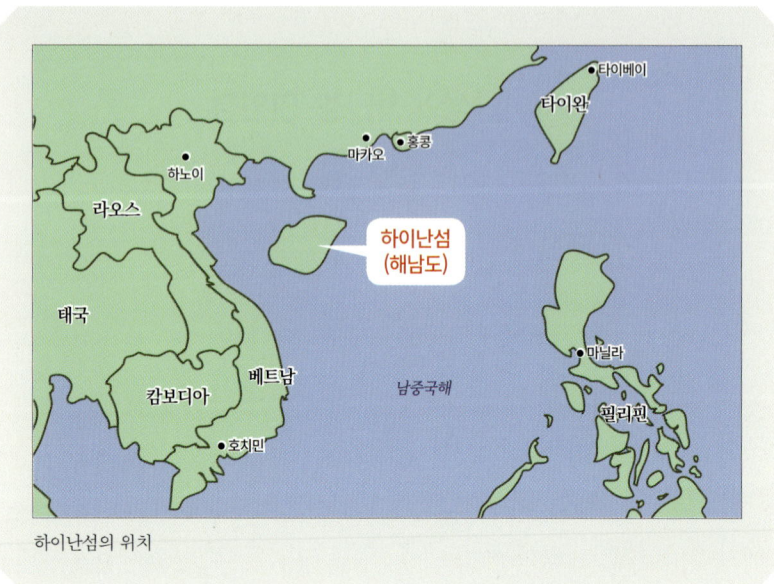

하이난섬의 위치

되어 있던 수형자를 선발하여 '남방파견조선보국대'로 조직하여 해남도로 이송했다. 처음에는 매달 30원씩 준다며 유혹했지만 지원자가 없자 결국에는 강제로 끌고 갔다. 가출옥 상태에서 길을 가다가 붙잡히거나 주소가 불분명한 사람들도 일부 붙잡혀갔다. 약 2천 명 내외로 추정된다.

이들은 해남도에서 광산 채굴, 비행장 건설, 도로와 교량 건설 등에 동원되었다. 일본군은 조선인들을 짐승처럼 학대했다. 조선인 보국대원들이 도망가지 못하도록 10명 또는 20명씩 발목에 족쇄를 채워서 끌고 다녔다.

한 생존자는 "매일 오전 5시 반에 기상해 오후 9시까지 일했다. 무더운 열대지방에서 8명이 한 방에서 생활했으며 음식과 위생조건이 열악해 말라리아에 걸리는 동료가 많았다. 병에 걸렸거나 몸을 다쳐서 더는 일할 수 없게 되면 외진 산으로 끌고 가서 집단 생매장했다"라고 증언한다.

열악한 환경에서 가혹한 노동을 이기지 못해 쓰러진 사람들도 있었지만 일본군에 의해 학살당한 경우도 많다. 덥고 습한 날씨 속에 못 먹고 못 자고 쉬지 못한 상태에서 중노동에 시달리다가 병에 걸려 쓰러지면 일본군은 가차없이 사살하고 땅에 묻어버리기 일쑤였다. 이런 모습을 목격한 여러 마을 주민들이 전후에 생생하게 증언하고 있다.

일본군은 마지막까지 살아남은 조선보국대 대원들을 하이난섬 남쪽의 싼야 교외의 난딩촌에 집결시켜 군용 도로, 지하땅굴 진지, 벙커 건설 등에 동원했다. 패전 직후 하이난섬을 떠나기 직전에 일본군은 조선보국대 대원들을 산기슭으로 데려가 모두 학살하고 구덩이 속에 매장했다. 일본군이 떠난 후 마을 사람들이 살해당한 조선인들을 애도하며 '조선촌'이라고 부르게 된 사연이다. 조선인들이 하도 많이 묻혀 있어서 천인갱(千人坑), 만인갱(萬人坑)이라고 불리는 곳도 있다. 실제로 천 명, 만 명이 묻혀 있는 것은 아니지만 그 정도로 많은 조선인이 묻혀 있다는 뜻이다.

또한 하이난섬에는 일본군 위안소가 있었고 조선인 여성도 끌려왔다. 역시 전쟁 말기 이들 중 상당수는 일본군에 의해 학살되었다.

VII

죽어서도 못 오는 유해들

1
유해 문제란

1938년 일제가 국가총동원법을 공포한 이래 패망할 때까지 조선인 노무자, 군인과 군무원, 학생과 부녀자 등을 동원한 것을 강제동원이라 하고, 강제동원 기간 중 또는 귀환하는 도중에 사망한 분들의 유해 문제를 가리켜 '강제동원 희생자 유해 문제'라고 한다.

강제동원 희생자 유해 문제는 지역과 동원의 형태, 성별과 나이를 가리지 않고 모든 곳에서 광범위하게 발생한다.

한반도 전역과 일본으로 징용되어 탄광·군수공장·비행장 등에서 혹사당하다 각종 폭발 사고와 낙반 사고·공습·화재·학대 등으로 사망한 경우, 군인·군무원으로 징병·징용되어 격전지로 이동하다가 또는 현지에서 과로한 노동과 굶주림·말라리아와 풍토병 등으로 병사한 경우, 학대와 폭력으로 맞아 죽은 경우, 총탄과 폭격·원폭 등으로 죽은 경우, 도망·낙오 등으로 행방불명 중 사망한 경우, 선박 이동 중 태풍 또는 어뢰·공습 등으로 침몰하여 사망한 경우, 포로와 인질로 억류 중 사망한 경우, 일본인에 의해 학살 또는 피살된 경우, 해방 후 고향으로 돌아오는 도중에 사망한 경우, 귀향 후 장애와 후유증에 시달리다가 사망한 경우 등 이루 헤아릴 수 없이 많은 분들이 희생되었다.

비단 청장년 남자들뿐만 아니라, 어린 소녀와 소년, 학생, 나이 많은 노인에 이르기까지 각종 보국대와 근로정신대, 학도지원병·징병, 위안부, 현원징용, 전환배치 등 남녀노소 가릴 것 없이 다양한 명분으로 차출되어 한반도 전역과 일본 본토, 중국과 사할린, 동남아시아와 태평양 섬 지역에 이르기까지 강제로 동원되었고, 끌려가는 도중에, 혹은 현지나 돌아오는 과정에서 돌아온 다음에도 많은 분들이 귀중한 목숨을 잃었다.

전쟁 초기 강제동원 중 사망한 직후에 관련 기업과 군 당국이 시신을 수습하여 유족에게 전달한 경우도 있지만, 전쟁 말기로 접어들수록 전신·전화·우편, 선박·기차·도로의 연락과 소통이 원활하지 못하고 혼란이 가중되자 시신을 수습하지 못하는 사태가 늘어나고 화장한 유골조차 현지에 방치하는 사례가 급증했다.

초기에는 유족에게 사망통지서가 전달되고 유골을 수습하러 오라는 연락도 있었다. 또는 일본 기업의 노무계 직원이나 귀향하는 이웃 주민들이 유골을 가져다주기도 했지만, 대부분의 유족은 언제 어디서 어떻게 죽었다는 소식조차 듣지 못했다.

이처럼 국내외로 강제동원되어 돌아가신 분들 중에 아직도 생사를 알 수 없고 그 시신이나 유해가 확인되지 않은 분들을 파악하고, 유해를 찾아 수습하고, 고향으로 모셔오는 작업, 그리고 돌아오지 못한 유해와 모셔온 유골들을 안치하고 위령하고 추모하는 것은 해당 유족들만의 일이 아니라 우리 국가와 국민, 후손들이 해결해야 할 과제이다.

그렇다면 우리에게 뼈아픈 식민지 지배와 고통스러운 강제동원의 상처를 안겨준 가해국 일본은 자기 국민의 유해를 어떻게 했을까?

전쟁 기간 중 약 310만 명의 '일본인'이 사망했고 이 중 해외 격전지 등에서 사망한 사람이 약 240만 명에 달한다. 전쟁 말기의 혼란 속에서 일본 역시 자국민의 유해를 제대로 수습하지 못하고 일부만 귀환했다.

패전 후 미군정 기간 동안 일본은 주로 해외 식민지와 전투 지역에 남겨진 60여만 명의 일본인 군인·군무원과 민간인들의 본토 귀환에 관심을 기울였다. 특히 소련과 중국, 북한 지역 등 공산권 지역에 남겨진 일본군 포로 및 억류자의 귀환 문제는 미군정 당국과 일본 정부의 큰 고민거리였다.

그러다가 1952년 일본이 샌프란시스코 대일강화협정을 통해 국권을 회복하게 되자, 그동안 소홀했던 전몰자 유해 문제에 적극적으로 관심을 가졌다. 1950년대 초부터 일본 국회는 전몰자의 유해를 조속히 수습하여 봉환해야 한다는 유족들의 염원과 여론에 따라, 1952년 6월 중의원에서 '해외 지역 등에 잔존하는 전몰자 유골 수집과 송환 등에 관한 결의'를 채택했다. 이에 일본 정부는 10월에 '전몰자 유골의 송환, 위령에 관한 각의 양해'를 결정하여 본격적인 유골 수습·송환 업무에 나서게 된다.

이때부터 일본 정부의 후생성(현재의 후생노동성)이 유해의 수습·송환 업무를 주관하여 현재까지 계속 추진하고 있다.

초창기에는 미국과 연합군 관할 지역인 태평양의 도서 지역을 주로 탐사하다가 해마다 그 지역을 넓혀나갔다. 정부 유해수습단이 커다란 선박을 타고 수개월에 걸쳐 여러 섬들을 돌아다니면서 유해를 수습했다.

일본 정부의 유해 수습에 이용된 선박들
타이세이호(大成丸, 위),
긴가호(銀河丸, 아래)

    1990년대 이후에는 시베리아 등 소련의 포로수용소에 억류되었던 일본군의 유해를 수습하여 봉환하고 있다. 2000년대 이후에는 이미 여러 차례 조사했던 필리핀, 동부 파푸아뉴기니, 비스마르크, 솔로몬제도 등 남방 지역에 조사단을 파견하여 유해를 수습하고 있다. 자국 내에서 전투가 벌어졌던 이오지마와 오키나와 지역에서도 주민들의 협조를 받아 현재도 발굴 작업을 진행하고 있다.

    최근까지 일본 정부가 수습·송환한 유해는 약 128만 위에 달한다. 현지에서 화장된 유골은 일본으로 송환하여, DNA 감정 등을 거쳐 신원이

123

확인된 경우 유족에게 전달하고, 신원을 확인할 수 없는 무연고 유골들은 도쿄의 야스쿠니신사(靖國神社) 맞은편에 위치한 치도리카후치(千鳥ヶ淵) 공원 내 국립무명전몰자 묘원에 안치하고 있다. 이곳에서 매년 정부 주관으로 전몰자 추도행사가 개최되고 있고, 일본 정부는 유골이 수습된 거의 모든 해외 지역에 추도비를 건립하는 사업을 전개하고 있다.

그밖에 일본의 유족단체와 시민단체 등은 정부의 해외 지역 유골 수습·송환 작업에 자발적으로 참여하거나 자원봉사 및 인력 제공을 통해 정부에 협조하고 있으며, 이에 발맞춰 일본 정부는 유족들이 해외 격전지를 방문하는 추도순례 행사 등에 보조금을 지원하는 사업 등을 전개하고 있다.

이처럼 가해국인 일본조차 자국민의 유해 수습과 봉환에 오랜 기간 많은 노력을 기울이고 있는데, 피해 당사자인 한국 정부와 국민은 과연 어떨까?

2
군인·군무원 등 유해 봉환

해방 이후 우리 정부와 일본 정부 간의 강제동원 희생자 유해 봉환 문제는 주로 군인·군무원의 유골에 집중되었다. 패전 직후 미군정 치하에서 일본 정부는 전쟁 기간 중 수습해 보관하고 있던 조선인 군인·군무원의 유해의 일부를 한국 측에 전달하고자 했다.

대한민국 정부 수립 직전인 1948년 2월과 5월 두 차례에 걸쳐 일본 정부는 미군정을 통해 남한의 남조선과도정부에 조선인 군인·군무원 유해와 유품 등 7,643위를 전달했는데, 이 가운데 실제 유골은 약 10%인 786위가 포함된 것으로 알려져 있다.

이 유해와 유골 등은 각 도와 시·군 등의 행정구역별로 분송되어 유족들에게 전달되었는데, 일부는 분노한 유족들이 수령을 거부하기도 하고 한국전쟁이 발발하면서 혼란 속에 유실되어서 유해의 행방에 관해서는 진상을 파악할 수 없는 상태이다.

그 후 우리 정부와 일본 정부 간에 국교정상화를 위한 한일회담이 10여 년간 진행되었으나, 일본 정부는 보관 중인 군인·군무원 등의 유해 문제를 한일회담에서 거론하면 입장이 불리해질 것을 우려해서 함구했다. 우리 정부 역시 징용 피해자와 희생자에 대한 보상금을 요구하는 데만 집중했을 뿐 정작 유해의 봉환 문제에는 관심을 기울이지 않았다.

우여곡절 끝에 1965년 한일회담이 성사되고 국교정상화가 이루어졌다. 그제야 한일 양국 정부는 군인·군무원 유해 봉환 문제를 협의하기 시작했다. 그 사이에 우리 정부는 서울 등 일부 지역에 남아 있던 일본인의 유골을 전달해달라는 일본 불교계와 민간단체 등의 요구를 수용하여 일본인 유골을 모아 납골당을 지어주기도 하고 일본 측에 전달하는데 적극 협력했다. 그리고 전쟁 기간 중 한반도 인근에서 미군의 공격을 받아 함선 등이 침몰하는 바람에 일본인들의 유해가 제주도와 서해안 섬에 떠밀려갔는데 이를 마을 주민들이 수습하여 가매장해 두었다. 이 사실을 알게 된 일본 정부가 우리 정부에 조사단을 파견할 테니 협조해달라고 요청하자 우리 정부는 이에 적극 협조했고 마을 주민들도 일본 정부 조사단을 도와 일본인 유해를 수습해주었다. 일본이 조선인 군인·군무원 유골을 전달해주기 전에 이미 우리 정부와 국민들은 인도적 차원에서 유해 문제에 적극 협력했던 것이다.

이런 노력의 결과인지 일본 정부도 1970년대 이후 여러 차례에 걸쳐 군인·군무원 등의 유골을 전달하기 시작했다. 이렇게 해서 2005년까지 8차례에 걸쳐 1천 위의 유해가 봉환되었다. 하지만 이 당시의 유해 봉환은 일본 외무성 직원이 서울의 일본대사관에 유해를 가져와서 유족에게 전달하거나, 후생성 직원이 부산항과 김포공항에 유해를 가져오면 우리

일본 유텐사 추도식에서 절을 하는 유족들

천안 국립망향의동산에서 헌화하는 유족

국내로 봉환 후 망향의동산에서 개최된 추도식

납골당에 유골을 안치하는 모습

외무부, 보건사회부 직원이 이를 인수하여 유족들에게 연락해서 가져가게 하는 방식이 일반적이었다. 한두 차례 신문에 명단을 게재하여 유족들이 이를 보고 찾아 간 경우도 있었지만, 유해에 관한 기본적인 내용을 유족들에게 충분히 알려주거나 일본 정부의 공식적인 사과 표명 또는 정중한 의례 등은 아예 없거나 대체로 소홀했다.

그 후 2004년 국회에서 강제동원 피해 진상규명 등에 관한 특별법이 만들어지면서 강제동원 피해 문제를 전문적으로 조사하고 유해 봉환을 추진하는 '일제강점하강제동원피해진상규명위원회'가 만들어졌다. 2015년에 해산할 때까지 몇 차례 이름이 바뀐 데다 너무 길어서 이를 간단히 줄여서 '강제동원위원회'라고 한다.

'강제동원위원회' 활동 기간 중에 일본에 남아 있던 군인·군무원 유골 423위가 네 차례에 걸쳐 모두 봉환되었다. 이제 일본 정부가 보관하고 있는 군인·군무원 유골은 북한 지역 출신자의 유골과 우키시마호 폭침 때 사망한 군무원과 가족 등의 유골뿐이다. 북한 지역 출신자 유골은 일본 정부와 북한 당국이 협의하고 있고, 우키시마호 관련 유골은 일본 정부가 재조사와 자료 제공에 성의를 보이고 유족들의 의견이 일치하면 언젠가 봉환될 수 있을 것이다.

다만, 일본 정부기 보관해왔던 유골 외에 중국, 시베리아, 동남아시아와 태평양 지역 섬들의 정글과 바다 밑 어딘가에 잠들어 있을 수많은 조선인 군인·군무원의 유해 수습과 봉환은 아직도 갈 길이 멀다. 아직 한국 정부의 역량은 해외 지역의 유해 수습에 미치지 못하고 있다.

다만 최근에 한 가지 희소식이 있다. 일본과 마찬가지로 미국도 태평양전쟁에서 희생된 미군의 유해를 계속 조사하고 있다. 얼마 전에 미국 국

타라와섬의 한국인 포로들이 부상자를 옮기는 모습(국가기록원)

방부 산하 전쟁포로 및 실종자 확인국(DPAA)이 길버트제도의 타라와섬에서 미군의 유해를 조사하던 중에 아시아인의 유골이 발굴되었는데, 마침 한국계 연구원이 이를 한국인 유골일 수 있다며 우리 정부에 알려왔다. 우리 정부가 DNA 조사를 해보니 과연 우리 강제동원 희생자의 유골로 확인되었다.

1943년 11월 말 미군이 길버트제도와 타라와섬을 공략해 일본군이 전멸했는데, 이때 수천여 명의 조선인 군인·군무원이 희생되었다. 이 가운데 전남 영광군에서 군무원으로 징용된 최병연의 유해가 미국에 의해 발견되었던 것이다.

이제 우리나라도 전쟁 가해국인 일본처럼, 그리고 승전국인 미국처럼 나라를 잃고 일본의 노예와 총알받이가 되어 이국만리에 묻혀 있는 유해들을 직접 수습해서 모셔올 수 있기를 바란다.

3

노무자 등 유해 봉환

 흔히 '징용'이라 불리는 대부분의 피해자는 노무자로 동원된 경우에 해당된다. 이들은 기술직 노무자에서부터 일자리를 찾아 모집에 응한 경우, 만주와 남양군도 등으로 농업 이민을 떠나 현지에서 노무에 종사한 경우, 마을 단위별로 차출되어 일본 등으로 송출된 경우, 공장과 탄광 등에 소속되어 근로하던 중 통째로 징용된 경우(현원징용) 등으로 오랜 기간에 걸쳐 다양한 방식으로 동원되었다.

 작업장은 주로 탄광과 각종 군수공장에서부터 비행장, 도로, 군사시설 등의 토목 현장, 농장과 벌목 현장 등 다양하다.

 이들은 각 작업장에서 수많은 사고와 재해에 노출되어 크게 다치거나 목숨을 잃는 경우가 많았다. 특히 탄광에서는 갱도가 무너지고 가스가 폭발하는 사고가 끊이지 않았다. 각종 기계와 설비의 고장과 오작동, 폭발물 사고 때문에 크게 다치거나 죽는 일도 많았다. 다친 경우에도 의약

품 부족과 적절한 처치가 이루어지지 않아 며칠 만에 또는 수개월 만에 목숨을 잃는 일도 많았다. 영양실조와 열악한 위생 상태 때문에 질병에 취약했고 전염병으로 사망하는 경우도 비일비재했다.

그리고 도망갔다가 붙잡히면 일본인 관리자와 군인들이 구타하여 다치거나 죽는 경우도 빈번했다. 조선인 노무자들이 집단행동을 벌였다가 사측과 경찰, 군인 등으로부터 보복을 당하는 경우, 중국인 노무자들과 패싸움이 벌어져 다치는 경우, 노무자들끼리 싸우다 다치거나 죽는 경우도 있었다.

강제동원 초기만 해도 노무자가 사망한 경우 지역과 작업장에 따라서 유족에게 사망 통지서도 보내고 유해를 화장해서 사측 관계자 또는 귀향하는 동향인이 유골을 가져가서 유족에게 전달하기도 했다. 하지만 전세가 불리해지고 강제성이 더욱 광포해질수록 사망자의 유해는 무시되었다.

일부 탄광과 작업장 등에서 화장한 유골을 인근 사찰과 납골당 등에 맡겨놓은 것이 그나마 가장 다행스러운 편에 속할 정도이다. 나머지 희생자들의 유해는 찾기조차 힘든 상황이다.

현재 한일 정부 간에는 노무자 유골의 소재와 위치, 그리고 현재 상태 등에 관한 조사를 진행하고 있는데 이들 유해를 발굴하고 수습하여 국내로 봉환하는 절차 등에 관해서는 아직 완전한 합의에 이르지 못하고 있다.

하지만 현재까지 노무 동원 희생자의 유해는 희생자의 동료와 유족들, 재일민단, 종교단체, 유족단체, 시민단체들의 노력으로 꾸준히 국내로 봉환되고 있다.

일본 사찰 등에 보관된
조선인 노무자 등의 유골

    1973년 일본에 거주하는 동포들의 단체인 재일민단이 나가사키 지역의 노무 동원 희생자, 원폭 희생자 등 조선인 무연고 유골 240위를 목포시에 전달하여 시립공동묘지에 안장했다. 이후 1976년 재일동포들이 십시일반 성금을 모금하여 우리 정부에 전달하자 정부가 천안에 해외 동포들의 전용 묘지로서 지금의 국립망향의동산을 조성했다. 이때부터 일본과 해외에서 수습된 강제동원 희생자 등의 유골이 이곳에 안치되고 있다.

    목포시립묘지에 안장되었던 유골 중 233위도 망향의동산으로 이장하여 안치했다. 그리고 한일 정부 간에 협의를 거쳐 모셔온 군인·군무원 등의 유골도 부산에 있는 부산영원을 거쳐 상당수가 이곳 망향의동산에 안치되고 있다.

    그리고 2013년부터 우리 정부가 사할린에 남겨진 강제동원 희생자와 조선인들의 묘지들을 조사하고 발굴해서 모셔오고 있는데 이분들의 유골도 망향의동산에 안치하고 있다.

이렇게 일본과 사할린, 티니안 등의 해외 각 지역에 흩어져 있던 노무동원 희생자 등 조선인들의 유골 약 1만 기가 망향의동산에 안치되어 있다.

그밖에 종교단체와 민간단체 등도 오랫동안 노무자 등 유골 봉환에 앞장서고 있다. 일본의 시민단체와 국내 시민단체가 연대해서 일본 사찰 등의 유골을 수습해서 국내로 봉환한 사례도 있다. 일본에서도 강제동원 문제 해결과 유골 봉환에 앞장서는 양심 있는 지식인과 시민들이 적지 않다. 이들은 자발적으로 지역 내 조선인 등의 강제동원 피해 현장을 조사하고 유골을 수습하고 한국의 피해자와 유족에게 연락을 하고 직접 방문하여 일본 정부를 대신해 사죄를 하기도 한다.

4
유족들의 끝나지 않은 고통

    강제동원 희생자의 유족들은 사랑하는 혈육과 헤어지는 고통뿐만 아니라 평생 동안 생사도 모르고 유해도 찾지 못하는 고통을 겪어야 했다. 그들이 세상을 떠난 뒤에도, 2세, 3세에게까지 그 고통이 이어지는 비극이 반복되고 있다.

    주변의 회유와 꼬드김, 강요와 협박에 못 이겨 억지로 집을 떠나야 했던 희생자들은 '금방 돌아올게'라며 집을 나섰다. 이후 남겨진 가족들은 매일 피가 마르는 고통을 견뎌야 했다. 자식을 떠나보낸 부모들은 맘 편히 밥 한 끼니 못 먹고 따뜻한 아랫목 잠자리도 마다하며 자식이 돌아오기만을 기다렸다. 결혼한 지 얼마 되지 않은 새댁과 아내들은 남편의 무사귀향을 바라며 고된 시집살이를 견디고 집안의 생계를 책임져야 했다. 어린아이들과 자녀들은 아버지의 얼굴도 기억하지 못한 채 '아비 없는 자식'이라는 손가락질과 설움을 견뎌야 했다.

강제동원 희생자 유족의 구술을 청취하는 필자

　가끔씩 사할린과 일본, 중국 등에서 편지가 왔지만 전쟁 말기에는 점점 뜸해지다가 아예 답장도 없고 소식도 끊어졌다. 무슨 일이 생겼는지 알려주는 사람도 알 방법도 없었다. 회유하고 강제로 데려갈 때는 열심이었던 읍면 서기와 순사, 이장과 동네 유지들은 나몰라라 하면서 '집에 가서 기다려보라'고만 했다.

　간혹 마을과 인근 지역의 누군가가 동원에서 해제되었거나 휴가를 받아 귀향했다는 소식이라도 들리면 한달음에 달려가 '우리 아들, 형님, 동생, 남편 소식 좀 들으셨소?'라고 물어보았다. '얼핏 들었는데, 저~기 어디로 갔다던데'라는 소식이라면 그나마 다행이지만 '이만저만해서 죽었다던데요'라는 소식이라도 들으면 하늘이 무너지고 땅이 꺼지는 심정이었다. 하지만 가족들은 그저 잘못된 풍문이려니 생각하고 이내 '살아 돌아올 거야'라고 믿으며 기다렸다.

　해방되기 전까지 전사 통지서나 사망 통지서가 집에 날아오는 경우도 있었다. 그리고 공장 또는 탄광 등의 관계자가 직접 희생자의 유골을 가져오는 경우도 있었지만 대부분은 함께 일했던 마을 사람과 친구, 지인 등이 귀향하면서 희생자의 유골을 가지고 와서 유족에게 건네주는 일도 많았다.

해방 후 많은 사람들이 집으로 돌아왔다. 그러자 가족들은 자기 혈육이 돌아오기를 기다리다 못해 매일같이 마을에서 가장 가까운 기차역, 정거장, 마을 어귀까지 나가서 하루종일 기다렸다. 막차도 끊기고 인적도 없어진 다음에야 '내일 오려나' 하며 발길을 돌려 컴컴한 길을 걸어 집에 돌아왔다. 이런 날이 9월 이후 가을까지 계속되다가 한겨울을 맞이하는데, '남의 자식과 형제, 남편은 다 돌아오는데 나의 혈육만 돌아오지 않는다'며 애를 태우는 그 심정이 오죽했을까?

다행히 이듬해에도 미군과 연합군에 포로로 붙잡혔던 사람들이 돌아오기 시작하고 멀리 남양군도와 태평양에서 해방을 맞이한 사람들도 하나둘씩 돌아왔다. 길게는 1949년까지 시베리아에서 풀려난 사람들까지 집으로 돌아왔다. 참으로 기나긴 귀환이었다.

하지만 해방된 지 4~5년이 되도록 돌아오지 않는 사람들이 있었다. 사할린에 억류된 조선인들이 수만 명에 이르렀다. 북녘 땅을 통해 편지 한 통, 인편을 통해 소식 한 줄 전해지면 그나마 다행이지만 살았는지 죽었는지조차 알 수 없는 수만 명의 가족들은 기다림에 지쳐갔다.

그러다 한국전쟁이 발발했다. 그 바람에 사할린에 남겨진 조선인들의 귀향 가능성은 완전히 사라져버렸다. 한국전쟁 이후 사할린에 남겨진 사람들은 북한에 들어가거나 무국적자 또는 러시아인으로 살아야만 했.

그 사이 사할린에 남겨진 조선인들도 귀향을 포기하고 하나둘씩 예전의 작업장으로 돌아가 이제는 먹고살기 위해 막노동을 해야 했다. 고향에 처자식을 두고 온 사람들도 귀향을 포기하고 외로움을 견디다 못해 일본 여성, 러시아 여성, 토착민 여성과 결혼해 가정을 꾸렸다. 이들 중 일부는 1950년대 후반 일본인 처자식과 함께 일본으로 귀환하여 정착했다. 이 때문에 고향에 두고 온 처자식에게는 또 다른 상처와 고통을 안겨주기도 했다.

하지만 사할린에 남겨진 대부분의 조선인들은 1990년대 소련과 수교가 성립될 때까지 사할린에 억류된 채 가족을 그리워하며 시름시름 앓다 쓰러져 갔다. 정작 수교가 이루어지고 고향 방문과 영주귀국이 성사되었을 때 살아남은 사람은 소수에 불과했다.

그 사이 국내의 가족들은 혈육을 만나지 못하고 생사도 모른 채 지내는 것도 억울하고 원통한데, 공산국가인 소련 땅에 가족이 있다는 이유만으로 공안 당국의 감시와 조사에 시달려야 했다.

해방 이후 살아 돌아온 강제동원 피해자 가운데 크고 작은 부상이나 외상 후 스트레스 장애가 없는 이들이 드물었다. 살아 돌아왔지만 손가락, 발가락 한두 마디 없는 것은 예사이고 팔다리가 잘리고 마비되어 농사일은커녕 거동조차 못하는 사람이 많았다. 이들은 비록 생지옥에서 살아 돌아왔지만 부상과 후유증에 시달리다가 일찍 병사하는 경우가 많았다. 하지만 이들은 강제동원에서 살아 돌아왔다는 이유로 '희생자'로 인정받지도 못하고 1970년대 보상금 대상에서도 제외되었다. 그러다 보니 노동력 없는 피해자의 가족과 유족들은 병원비나 약값조차 조달하지 못할 정도로 평생 동안 가난에 시달려야 했다.

해방 후 귀환하지 못한 희생자의 유족과, 살아 돌아왔지만 부상과 후

유증에 일찍 사망한 피해자의 유족들은 가장이 사라지고 대를 잇지 못하고 생계를 책임질 사람이 없는 가정의 고통과 가난을 오롯이 감내해야 했다. 2세, 3세들은 온전한 교육을 받지 못한 채 생계를 유지하기 위해 어려서부터 노동현장에 뛰어들어야 했으며 심지어 온 가족이 뿔뿔이 흩어져 살기도 했다. 원폭에 노출되어 귀환한 피해자는 물론이고 귀환 후 태어난 2세, 3세들은 원폭에 의한 각종 질병과 선천적 기형, 유전적 질환에 시달리고 있다.

자식을 잃은 부모들은 큰 충격에 빠져 시름시름 앓다가 돌아가시고, 남편을 잃고 과부 신세가 된 부녀자들은 연로한 시부모를 대신하여 직접 농사를 짓고 막노동과 잡일을 해야 했고 아비 없는 자식들을 먹이고 지키기 위해 온몸이 부서지도록 노동을 해야 했다. 살기 위해 남의 집 식모살이와 재가(再嫁, 재혼)를 하기도 한다. 아이들은 재가한 어머니를 따라 의붓아버지와 이복(생모가 다른)·이부(생부가 다른) 형제자매들 속에서 눈칫밥을 먹었다.

이렇게 가난하고 힘든 시절을 보내고 살아남거나 성장한 유족들은 지금도 70여 년 전에 헤어진 희생자의 생사에 관한 소식 한 줄이나 뼈 한 조각이라도 찾고 싶은 심정이다.

희생지의 부모 세대는 이미 세상을 떠났고, 생존하고 있는 형제자매와 아내들의 나이도 최소 80대 이상의 고령이다. 희생자 자녀들의 나이조차 이제는 70대를 넘어서고 있다.

이들은 아직도 죽기 전에 형제와 남편, 아버지, 삼촌이 어디에서 어떻게 죽었는지 알고 싶고, 뼈 한 조각, 유품 하나라도 되찾기를 바라고 있다. 지난 수십 년간 유족들 중 일부는 일본과 태평양의 이름 모를 섬들, 사할린 등을 직접 돌아다니며 희생자의 유골과 묘지를 찾기도 했다.

　이런 일은 국가와 정부가 먼저 나서서 해결했어야 하는 일이다. 하지만 안보와 외교, 경제가 우선이었고, 산 사람들이 우선이었고, 보상금 문제가 우선이었기 때문에 희생자들의 유해 문제는 항상 뒷전이었다.

　최근 들어 정부가 기본적인 조사와 봉환 사업에 착수했지만 이제 겨우 시작 단계에 불과하다. 희생자 문제뿐만 아니라 유족들이 감내해야 했던 상처와 고통을 이해하고 위로하는 일에도 관심을 가져야 할 때이다.

참고문헌

- 권병탁, 『게라마열도』 천마문고 3, 영남대출판부, 1982.
- 길윤형, 『나는 조선인 가미카제다』, 서해문집, 2012.
- 深河宗俊, 『鎮魂の海峽-消えた被爆朝鮮人徵用工246名』, 現代史出版會, 1974.
- 오일환 외, 『일제 말기 경성지역의 강제동원과 일상』, 서울역사편찬원, 2020.
- 우츠미 아이코 지음, 이호경 옮김, 『조선인 BC급 전범, 해방되지 못한 영혼』, 동아시아, 2007.
- 이연식·방일권·오일환 지음, 『책임과 변명의 인질극-사할린 조선인 문제를 둘러싼 한러 일 3국의 외교협상』, 채륜, 2018.
- 정혜경, 『조선청년이여 황국신민이 되어라』, 서해문집, 2010.
- 정혜경, 『일본의 아시아태평양전쟁과 조선인 강제동원』, 동북아역사재단, 2019.
- 정혜경, 『일본 제국과 조선인 노무자 공출』, 선인, 2011.
- 허광무, 「히로시마·나가사키 조선인 원폭피해에 대한 진상조사-강제동원된 조선인 노무자를 중심으로」 대일항쟁기강제동원피해조사및국외강제동원희생자등지원위원회, 2010.12.
- 허광무·오일환·이상호·정혜경·조건, 『일제 강제동원 Q&A① 강제동원&평화총서-감感·동動5』, 선인, 2015.
- 허광무·정혜경·오일환 저, 『일제 강제동원, 정부가 중단한 진상규명-11년의 비판적 회고』, 선인, 2020.
- 김도형, 「태평양전쟁기 하와이 포로수용소의 조선인 전쟁포로 연구, 조선인 전쟁포로의 활동과 귀환을 중심으로」, 『한국독립운동사연구』 22, 2004. 8.
- 김민철, 「호주군에 수용된 조선인 전쟁포로」, 『한국민족운동사연구』 89, 2016.
- 김승일, 「중국 海南島에 강제연행된 한국인 귀환문제 : 조선보국대를 중심으로」, 『한국근현대사연구』 25, 2003.
- 박민영, 「소련군 포로가 된 시베리아지역 조선인의 귀환」, 『한국독립운동사연구』 20, 2003.

- 신영숙·유해정·김미정,「해남도 일본군 '성노예' 실태 조사 연구 보고」,『여성연구논총』 17, 2002.
- 신주백,「해방 후 일본군 소속 조선인 군인의 歸路」,『한국학논총』 34, 2010.
- 오일환,「강제동원 사망자 유골봉환을 둘러싼 한일 정부 간 협상에 관한 소고-1969년, 제3차 한일각료회의를 중심으로」,『한일민족문제연구』 17. 2009.
- 오일환,「박노학의 생애와 사할린 한인 귀환운동에 관한 연구」,『한일민족문제연구』 38, 2020.
- 채영국,「해방 후 BC급 戰犯이 된 한국인 포로감시원」,『한국근현대사연구』 29, 2004.
- 허광무,「전시기 조세이 탄광과 조선인 노무동원」,『한일민족문제연구』 13, 2007.
- 일제강점하강제동원피해진상규명위원회,『일본 조세이 탄광 수몰 사고 진상 조사』, 2007.
- 일제강점하강제동원피해진상규명위원회,『우키시마호사건 소송자료집①』, 2007. 12.
- 일제강점하강제동원피해진상규명위원회,『우키시마호사건 소송자료집②』, 2007. 12.
- 일제강점하강제동원피해진상규명위원회,『해방 직후 이끼·대마도지역의 귀국 조선인 해난사고 및 희생자 유골문제 진상조사』, 2009.12.
- 일제강점하강제동원피해진상규명위원회,『사할린 가미시스카(上敷香) 조선인 학살사건 진상조사』, 진상조사결과보고서(Ⅳ-5)』, 2007.
- 일제강점하강제동원피해진상규명위원회,『사할린 미즈호(瑞穗) 조선인 학살사건 진상조사』, 진상조사 결과보고서), 2008.
- 일제강점하강제동원피해진상규명위원회 편,『시베리아 억류 조선인 포로의 기억 1』, 2007.

찾아보기

ㄱ
가라후토(樺太) 84
가미시스카 89
가미카제 59, 61
가이텐(回天) 61
강제동원 11~13, 17, 74, 120
강제동원위원회 13, 82, 88, 105, 129
곤조인(金乘院) 44
공습 62
구메지마(久米島) 57
구메지마 주민 학살 사건 58
국가총동원법 10, 12, 86, 120
국민징용 13
국제전범재판 78
군무원 12, 47, 52, 66, 120, 125
군부 57
군속(軍屬) 13
극동국제군사재판 78
길버트제도 67, 130
김광열 25

ㄴ
나가사키(長崎) 30, 33
나하(那覇) 54
남방파견조선보국대 116

남양군도 14, 15, 18, 36, 52, 55, 66
노무자 15, 47, 52, 120

ㄷ
덴토쿠지(天德寺) 44
도바타(戶畑) 41
도쿄대공습 28
도쿄대지진 28
도쿄도위령당(東京都慰靈堂) 28, 29
동남아시아 16, 18
동진회(同進會) 80, 82

ㅁ
마루레(マルレ) 61
마루미츠(丸三)광업소 48
마리아나제도 66
마셜제도 66, 67
마이즈루(舞鶴) 38
마쿠라자키 태풍 42, 43
마킨 66
만인갱(萬人坑) 117
메이시광업 25
모지(門司) 36
미쓰비시조선소(三菱造船所) 41~43
미쓰비시중공업 32

143

미쓰비시침몰유족회 43
미즈호 90
미즈호(현 포자르스코예) 학살 사건 90

• ㅂ •
바타안 77
박노학 100
박노학 명부 101
BC급 전범 79

• ㅅ •
사이판 66
사할린 16, 18, 25, 36, 66, 87
사할린재판 101
삭풍회 113
산다칸 77
샌프란시스코 대일강화협정 122
센자키 36
시모노세키(下関) 18, 36
시베리아 112, 114
신요(震洋) 61, 62
쓰시마(對馬島) 37

• ㅇ •
아오모리현(青森縣) 37
아쿠네 태풍 43
안동호(安東丸) 사건 49
오가사하라제도 66
오미나토(大湊) 38
오키나와 18, 46, 48, 51, 52, 54, 66
우키시마호 38, 39, 129
우키시마호 폭침 사건 37, 40

원자폭탄 30
유텐사(祐天寺) 40
이리오모테지마(西表島) 48, 49
이오지마(硫黄島) 46
이키(壱岐)섬 37, 43
이학래 82
인도차이나반도 66
일제강점하강제동원피해진상규명위원회 82, 129

• ㅈ •
조세이(長生)탄광 23
죽음의 철도 76
중소이산가족회 101
중앙아시아 112, 114
징용 131

• ㅊ •
천인갱(千人坑) 117
치도리카후치(千鳥ヶ淵) 124

• ㅋ •
캐롤라인 66

• ㅌ •
타라와 66, 130
타이완 13, 18, 72
티니안 66, 67

• ㅍ •
팔라우 67
포나페 67

포로수용소　66, 69, 72, 76, 78
포츠담선언　78

• ㅎ •

하라다구미(原田組)　48
하라라(平良)　54
하이난섬　13, 115, 117
하카타　36
학도지원병　61, 68

해남도(海南島)　18, 115
호주　66
화태　84
화태억류교포귀환촉진회　101
화태억류귀환한국인회　98
화태잔류자귀환청구소송　101
후카호리조선소　33
히로시마(廣島)　30, 32

죽어서도 쉬이 못 오는 귀향
- 일제 강제동원 피해자의 귀환과 미귀환 문제

초판 1쇄 인쇄	2021년 3월 5일
초판 1쇄 발행	2021년 3월 15일
지은이	오일환
펴낸이	이영호
펴낸곳	동북아역사재단
등 록	제312-2004-050호(2004년 10월 18일)
주 소	서울시 서대문구 통일로 81 NH농협생명빌딩
전 화	02-2012-6065
팩 스	02-2012-6189
홈페이지	www.nahf.or.kr
제작·인쇄	역사공간
ISBN	978-89-6187-618-6 04910
	978-89-6187-482-3 (세트)

- 저작권법으로 보호를 받는 저작물이므로 어떤 형태나 어떤 방법으로도 무단전제와 무단복제를 금합니다.
- 책값은 뒤표지에 있습니다. 잘못된 책은 바꾸어 드립니다.